AF602585

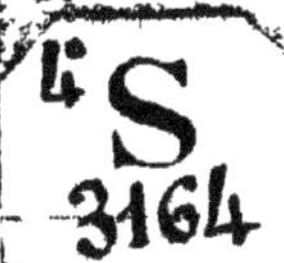

DÉLÉGATION DE LA RÉPUBLIQUE ARMÉNIENNE

L'ARMÉNIE au point de vue économique

RICHESSES MINÉRALES DE L'ARMÉNIE
RÉSERVES AQUEUSES DE LA RÉPUBLIQUE ARMÉNIENNE
CHEMINS DE FER DE L'ARMÉNIE
L'AGRICULTURE EN ARMÉNIE

Avec deux cartes et trois annexes hors texte.

PARIS
LES PRESSES UNIVERSITAIRES DE FRANCE
49, BOULEVARD St-MICHEL, 49
1922

L'ARMÉNIE

au point de vue économique

DELÉGATION DE LA RÉPUBLIQUE ARMÉNIENNE

L'ARMÉNIE au point de vue économique

RICHESSES MINÉRALES DE L'ARMÉNIE
RÉSERVES AQUEUSES DE LA RÉPUBLIQUE ARMÉNIENNE
CHEMINS DE FER DE L'ARMÉNIE
L'AGRICULTURE EN ARMÉNIE

Avec deux cartes et trois annexes hors texte.

PARIS

LES PRESSES UNIVERSITAIRES DE FRANCE
49, BOULEVARD St-MICHEL, 49
1922

AVANT-PROPOS

En publiant cet opuscule, la Délégation de la République Arménienne n'a d'autre but que de fournir au public européen quelques notions générales sur les ressources minérales, forces aqueuses, agriculture et voies de communications de l'Arménie.

L'Arménie, surtout ses provinces situées encore en Turquie, n'ayant point été entièrement explorée, ni prospectée, ni étudiée, il eût été pour le moins téméraire de présenter une étude définitive sur ce pays.

Comme les perspectives économiques de l'Orient présentent actuellement un intérêt tout particulier, il était indispensable qu'une étude, même élémentaire, sur les richesses naturelles de l'Arménie fût publiée.

Pour la composition de ce travail, la Délégation de la République Arménienne a puisé de nombreux renseignements utiles dans les travaux de l' « **Expédition Scientifique-Economique en Arménie** », *organisée par les Frères Maïlian (Maïloff), et elle saisit cette occasion pour les en remercier publiquement.*

Paris, Juin 1922.

AVERTISSEMENT

Le territoire de l'Arménie se compose, du côté de la Transcaucasie, de l'ancienne province de Kars, du gouvernement d'Erivan et de certaines portions des gouvernements de Tiflis et d'Elisabetpol, du côté de la Turquie, des parties des vilayets de Van, de Bitlis, d'Erzeroum et de Trébizonde, comprises dans les frontières tracées par M. Wilson, ancien Président des Etats-Unis d'Amérique, d'après le Traité de Sèvres du 10 Août 1920.

Dans l'exposé qui suit, l'Arménie Transcaucasienne est désignée sous l'appellation d' « *Arménie Orientale* », tandis que les provinces arméniennes, qui sont encore dans les limites de la Turquie, sont spécifiées sous le nom d « *Arménie Occidentale* ».

L' « *Arménie Orientale* » est limitée, au Nord, par la Géorgie, au Nord-Est par l'Azerbaïdjan et, au Sud, par les frontières russo-turque et russo-persane de 1914. Les frontières entre l'Arménie, la Géorgie et l'Azerbaïdjan n'étant pas encore définitivement établies, elles ne sont pas indiquées sur la carte jointe à la fin de ce travail.

Afin d'éviter toute confusion, les anciennes divisions administratives russes et turques ont été conservées, d'autant plus que l'ancien gouvernement de la République Arménienne, par suite des événements politiques, n'a pu achever les nouvelles délimitations administratives qu'il avait entamées.

Voici quelques éclaircissements concernant les divisions administratives employées dans le cours de cette étude.

Gouvernement et *Province* avaient à peu près la même superficie dans l'ancien Empire Russe ; à la tête du premier était placé un *gouverneur civil*, tandis que la seconde était gérée par un *gouverneur militaire* (particulièrement dans les contrées nouvellement conquises) ; le *gouvernement*, comme la *province*, se subdivisait en *districts*, *arrondissements* et *communes*, ayant respectivement des sous-gouverneurs civils et militaires.

Vilayet correspond au gouvernement et à la province russes ; ses subdivisions sont *Sandjak* (districts), *Kaza* (arrondissments) et *Nahié* (communes).

POIDS ET MESURES EMPLOYES DANS CE TRAVAIL :

Mesures de poids

1 poud = 40 fountes = 16,38 kg.
1 founte = 0,4095 kg.
1 kg. = 2,44 fountes.
1 tonne = 1.000 kg. = 61,05 pouds.

Mesures de longueur.

1 archine = 0,7112 mètres.
1 pied = 12 pouces = 0,3048 mètres.
1 sagène = 3 archines = 7 pieds = 2,13 mètres.
1 mètre = 3,28 pieds = 1,4 archines.
1 verste = 500 sagènes = 1,067 kilomètres.
1 kilomètre = 486,7 sagènes.

Mesures de superficie.

1 déciatine = 2400 sagènes carrées = 1,0925 hectares.
1 hectare = 2197 sagènes carrées = 0,915 déciatines.
1 verste carrée = 104,16 déciatines = 1,138 kilomètres carrés.

Mesures de volume.

1 sagène cube = 9,66 mètres cubes.

Mesures de capacité.

1 litre = 0,08 vedros (c'est-à-dire *seaux*).
1 vedro = 30 fountes d'eau distillée, à la température de 16 2/3° C. et à la pression atmosphérique de 760 mm.
1 vedro = 12,28 litres.
1 hectolitre = 6,1 pouds d'eau distillée.

BIBLIOGRAPHIE

LYNCH (H. F. B.). Armenia. Travels and Studies. London 1901.

CUINET (Vital). La Turquie d'Asie. Paris 1892.

RECLUS (Elisée). Nouvelle géogr. universelle. T. IX. L'Asie antérieure, Paris 1885.

LEART (Marcel). La Question Arménienne à la lumière des documents. Paris. 1913.

GOVI (Silvio), il maggiore.Transcaucasia. Firenze. Istituto géograf. militare. 1921.

GRIAZNOFF (Th.), colonel breveté. Aperçu militaire du théâtre de la guerre de Turquie. Edition de l'Etat-Major Général russe de la Circonscription du Caucase. Tiflis. 1897 (En russe).

MAÏEVSKI (V.), colonel breveté. Description statistique militaire des vilayets de Van et de Bitlis. Edition de l'Etat-Major de la Circonscription du Caucase. Tiflis. 1904. (En russe).

KORSOUNE (N. G.), capitaine breveté. Aperçu militaire du théâtre de la guerre de Turquie. Edition de l'Etat-Major de la Circonscription du Caucase. Tiflis. 1913-14-15. (En russe).

CHAHATOUNIAN (A.). Retracement des divisions administratives de la Transcaucasie. Tiflis. 1918. (En russe).

« *Récolte* ». Edition officielle du Comité Central de Statistiques du Ministère de l'Intérieur de Russie. Années 1909-1913. (En russe).

« *Annuaire du Caucase* ». Edition officielle. Tiflis. Années 1915-16-17. (En russe.)

CONSTANTINOFF (V. N.). LE CAUCASE. Sous la rédaction du professeur D. Anoutchine, de l'Université de Moscou. St-Pétersbourg. 1909. (En russe.)

« *Minéraux et Eaux minérales du Caucase* ». Edition officielle de l'Administration des Mines du Caucase. Avec une carte. Tiflis. 1917. (En russe).

TCHARNOTSKI (S. I.), géologue. Aperçu géologique sur le gisement de houille d'Olti. St-Pétersbourg. 1912. (En russe).

AGABABIAN (G.), E. N. S. M. (Paris). (Chief of the Department of Mines of the Armenian Republic). The mineral resources of Armenia. Reprinted from « The Near East ». June 3 rd. and 17 th. 1920.

Aperçu sommaire sur l'activité commerciale des chemins de fer Transcaucasiens d'après les données statistiques sur les transports des voyageurs et des marchandises pour l'année 1916. Edition officielle du Ministère des voies de communications. Tiflis. 1918. (En russe).

SVICHTCHEVSKI (D.), ingénieur. Projet de la construction du chemin de fer Batoum-Kars (Batoum-Yaghni-Boughdachène) 1915. — Tiflis. 1916. (En russe).

Délégation de la République Arménienne. L'Arménie Transcaucasienne. Paris. 1919.

Délégation de la République Arménienne. La République Aménienne et ses voisins. Paris. 1919.

« *Mourtch* », journal arménien mensuel. Tiflis. Année 1904.

A-Do. Vilayets de Van, de Bitlis et d'Erzeroum. Tiflis, 1913. (En arménien).

Carte hydrographique de la Transcaucasie et du littoral de la Mer Noire. Echelle 1/1.680.000 ou 40 verstes dans un pouce. Dressée par A. Essen, ingénieur en chef du Département Hydrométrique du Caucase. (En russe).

Extraits des Travaux inédits de l' « **Expédition Scientifique-Economique des Frères Maïlian (Maïloff) en Arménie.** » :

KARAPETIAN (O.) ingénieur-géologue. Richesses minérales de l'Arménie. Tiflis. 1919.

CHILNIKOFF (P. A.), ingénieur des mines. Minéraux et eaux minérales de l'Anatolie Orientale (Arménie). Tiflis. 1919.

MÉLIK-PACHAÏAN (I.), ingénieur. Forces aqueuses de l'Arménie. Tiflis. 1919.

GRIGORIAN (G.). La question du ravitaillement en céréales de l'Arménie Orientale. Tiflis. 1919.

OGANÉSOFF (M.), ingénieur des ponts et chaussées. Le gisement de houille d'Olti, dans la province de Kars et les voies de communications qui y conduisent. Tiflis. 1919.

Liste des eaux minérales de la République Arménienne.

INTRODUCTION

« L'Arménie constitue par elle-même une véritable forteresse dominant toute l'Asie antérieure et commandant les grandes voies des deux Euphrate et du Tigre. Cette qualité maîtresse a, de tout temps, fait envier la possession de cette citadelle par les Etats voisins » (1).

C'est en ces termes que M. de Morgan décrit la situation géographique de l'Arménie ou du plateau arménien. L'opinion de M. de Morgan est partagée par tous les historiens qui, à quelque époque que ce soit, ont étudié l'histoire de l'Arménie.

Il suffit, en effet, de jeter un léger coup d'œil sur la carte, pour se rendre compte que le plateau arménien, depuis les siècles les plus reculés jusqu'à nos jours, a été et demeure toujours le principal pont qui réunit l'Asie à l'Europe et l'Europe orientale au continent austral.

La situation prédominante du plateau arménien a été une des causes pour laquelle les peuples conquérants des temps anciens et modernes ont toujours cherché à s'emparer de cette position naturelle, afin d'étendre ensuite leur domination de l'Est à l'Ouest, ou de l'Ouest à l'Est, ou bien encore du Nord au Sud.

La plus légère esquisse des mouvements historiques des peuples serait suffisante pour mettre en évidence le rôle exceptionnel que la situation géographique de l'Arménie a pu jouer dans l'histoire du peuple arménien.

L'antique Assyrie mène une longue et opiniâtre lutte contre les maîtres de Van (Ourartou), dont le domaine forme dans la suite l'une des parties importantes de l'Arménie. Plus tard, le mouvement des Perses vers la Thrace s'opère à travers le sol de l'Arménie. Les Perses, rejetés d'Europe, foulent de nouveau le pays des Arméniens. Les légions

(1) J. de Morgan. *Histoire du Peuple Arménien*, page 21. Paris. 1919.

d'Alexandre le Macédonien se frayent une route pour les Indes à travers l'Arménie. La lutte séculaire de Rome, et plus tard de Byzance, contre les Perses, a encore pour champ de bataille le plateau arménien. Le califat arabe, lors de son expansion conquérante, trouve l'Arménie sur son chemin (7-9 s.). Le tourbillon dévastateur des hordes mongoles, du XIIIe au XVe siècle, éclate tout d'abord sur les hauteurs de l'Arménie. Les Turcs osmanlis s'emparent fermement du plateau arménien, avant de se diriger vers l'Occident, vers l'Europe. Enfin, à partir du XVIIIe siècle, l'expansion incessante moscovite vers le Sud eût passé sur le plateau arménien, si le formidable écroulement de 1917, n'eût arrêté l'avance de la Russie.

Dans le cours des siècles, les forces qui s'entrechoquaient sur le plateau arménien changeaient parfois, mais le but de la lutte demeurait toujours le même : s'assurer des clefs des portes qui conduisent de l'Est à l'Ouest et de l'Ouest à l'Est. Le plateau arménien, ce nœud des routes qui se croisent, en tant que patrie historique du peuple arménien, a joué un rôle fatal dans le cours du développement historique de ce peuple.

La lutte séculaire des forces qui se sont mesurées sur le plateau arménien, n'a jamais laissé assez de répit au peuple arménien pour que celui-ci eût la possibilité de combiner ses forces, d'organiser sa vie politique et de disposer de sa destinée en toute indépendance. Voilà pourquoi le peuple arménien, dans les luttes qui se déroulaient autour de sa patrie, a toujours été obligé de choisir tantôt l'une tantôt l'autre de ces forces, afin de sauvegarder son indépendance et souvent son existence physique. Dans l'histoire de l'Arménie, il y eut des époques où le peuple arménien vit sa patrie partagée entre les forces qui luttaient sur le plateau arménien.

C'est dans cet état de partage que se trouvait l'Arménie au début de l'histoire moderne, c'est-à-dire dans le premier quart du XIXe siècle. A cette époque, l'Arménie était divisée entre la Turquie et la Perse. Au cours du XIXe siècle, la Russie se substitua à la Perse en arrachant à cette dernière non seulement les territoires arméniens soumis à sa domination, mais aussi une bonne part de ceux qui subissaient le joug turc. De sorte que, à la fin du XIXe siècle et au commencement du XXe, la Russie avait sous sa domination les provinces arméniennes d'Erivan et de Kars, le district d'Akhalkalak, les parties australes des districts de Bortchalou, de Kazakh, de Gandzak (Elisabetpol), de Djevanchir, de Choucha, de Kariaguine et de Zanguézour. Le montant total des habitants de ces circonscriptions s'élevait, en 1914, à 2.170.000 âmes, dont 1.294.000 Arméniens. A la même époque, dans les différentes circonscriptions de Transcaucasie, en Géorgie et dans l'Azerbéidjan, se trouvaient encore plus de 491.000 Arméniens.

A cette époque, la plus grande partie du territoire historique de l'Arménie était soumise à la Turquie ; les vilayets de Van, de Bitlis, d'Erzeroum, de Diarbékir, de Kharpout et de Sivas contenaient une population arménienne de 1.018.000 personnes, et la Petite Arménie ou la Cilicie, possédait 380.000 Arméniens. Enfin, dans les autres parties de l'empire turc, on comptait plus de 650.000 Arméniens.

Les deux grandes portions du peuple arménien, séparées l'une de l'autre par l'ancienne ligne frontière russo-turque, avaient pour partage des destinées différentes. Les Arméniens qui vivaient dans la Transcaucasie jouissaient de la sécurité de la vie et de la garantie de leurs biens ; ils avaient ainsi la possibilité de progresser d'une façon lente mais sûre.

Par contre, les Arméniens vivant sur le territoire de la Turquie étaient exposés, comme toutes les races chrétiennes soumises à la domination turque, à la tyrannie continuelle du gouvernement turc et des populations musulmanes. A chaque tentative d'intervention des puissances européennes pour améliorer la situation des Arméniens, le gouvernement turc répondait par des massacres horribles commis sur les paisibles populations arméniennes. Au surplus, l'intervention de l'Europe, à cause de l'antagonisme des intérêts des grandes Puissances en Turquie, n'aboutit à aucun résultat pratique pour les Arméniens. L'article 16 du traité de San-Stefano, comme l'article 61 du traité de Berlin, de même que les projets de réformes des mois de Mai 1896 et de Février 1913, restèrent lettres mortes.

Sur ces entrefaites, la guerre mondiale ayant éclaté, les Arméniens se rangèrent, dès les premiers jours, du côté des Puissances Alliées. Ainsi près de 200.000 soldats arméniens firent partie de l'armée russe. Plusieurs milliers d'Arméniens s'enrôlèrent comme volontaires sous les drapeaux alliés et combattirent pour la cause commune sur les fronts du Caucase, de Palestine et de France. Les services militaires rendus par les Arméniens aux Alliés ont été plus d'une fois publiquement appréciés par les hommes éminents et responsables des Puissances Alliées.

Ces services, cependant, coutèrent fort cher au peuple arménien : plus de 800.000 Arméniens furent l'objet de la vengeance sanglante des Turcs. Il est inutile de rappeler ici les massacres des centaines de milliers d'hommes, de femmes et d'enfants, organisés et froidement perpétrés par le gouvernement turc. La description des massacres sans précédent de 1915 est consignée dans de nombreux volumes écrits par d'éminents auteurs européens, comme, par exemple, le *Livre Bleu* présenté par lord Bryce au gouvernement anglais, le livre de M. Morgenthau, ancien ambassadeur des Etats-Unis à Constantinople, les œuvres de F. Macler, R. Pinon, E. Doumergue, les écrits des auteurs allemands, comme le Dr Lepsius, Harry Stuermer, Niepage, etc.

C'est à la suite de ces grands sacrifices que les Puissances Alliées, de la bouche même de leurs hommes d'Etat, Lloyd Georges, Clémenceau, Wilson et Orlando, proclamèrent à différentes reprises que la patrie du peuple arménien devait, une fois pour toutes, être libérée du joug turc.

La guerre n'était pas encore terminée que la Révolution russe éclata ; quelques mois plus tard, en octobre 1917, la révolution bolchéviste venait renverser le gouvernement provisoire russe et établir le gouvernement soviétique. Les peuples de la Transcaucasie, les Arméniens, les Géorgiens, les Tartares, refusant de reconnaître l'autorité des soviets, formèrent un gouvernement local et, le 22 Avril 1918, proclamèrent la République fédérative démocratique de la Transcaucasie.

La République de la Transcaucasie avait décidé de continuer la lutte contre les Turcs ; mais comme immédiatement après la Révolution bolcheviste, l'armée russe, abandonnant le front du Caucase, était rentrée dans ses foyers, les Arméniens et les Géorgiens durent, en toute hâte et dans un laps de temps très court, organiser leurs forces nationales afin de défendre leurs frontières contre les envahisseurs turcs.

Car, derrière l'armée russe en retraite, presque sur ses talons, avançait l'armée turque, à laquelle devaient résister les troupes arméniennes et géorgiennes nouvellement formées et en fort petit nombre.

Tout le poids de cette lutte inégale allait tomber sur les Arméniens, car la plus grande partie du front se trouvait sur leur territoire, les Turcs ayant concentré le gros de leurs forces sur la ligne Erzeroum-Kars-Alexandropol. Dès que les Turcs eurent pris Batoum, le gouvernement de la Transcaucasie donna, au commandement des forces arméniennes, l'ordre de signer un armistice en abandonnant aux Turcs la forteresse de Kars, autour de laquelle avaient lieu des luttes acharnées entre les principales forces arméniennes et turques. Ne tenant aucun compte de l'armistice signée, les Turcs reprirent soudain l'offensive, et, après avoir envahi Alexandropol, se dirigèrent vers Erivan, mais dans les batailles mémorables de Sardarabad et de Karaklis, les Arméniens réussirent à arrêter net l'avance des Turcs.

Sur ces entrefaites, la Fédération de la Transcaucasie fut dissoute et les peuples qui la composaient se déclarèrent indépendants les uns après les autres. L'indépendance de l'Arménie fut proclamée le 28 Mai, mais se sentant incapable de continuer seule la lutte, l'Arménie, reconnue indépendante par les Turcs, signa la paix avec la Turquie le 4 juin, à Batoum.

En décembre 1918, à la suite de la victoire des Alliés, les troupes turco-allemandes se virent dans l'obligation d'évacuer la Transcaucasie, dont une partie de la République Arménienne : Kars, Alexandropol et Sourmalou. La guerre, dont les diverses péripéties se déroulèrent en grande partie sur les territoires arméniens, ravagea l'Arménie et la ruina au point de vue économique. La ruine économique générale du pays fut aggravée par la charge des milliers d'orphelins arméniens, sauvés des massacres des Turcs, et des 300.000 réfugiés arméniens. Aussi la famine et les maladies épidémiques ne tardèrent-elles pas à faire des ravages dans le pays.

La situation de l'Arménie devenait d'autant plus difficile que la jeune République, privée de toute possibilité de communiquer avec le monde extérieur, dépendait économiquement de ses voisines, la Géorgie et l'Azerbéidjan, avec lesquelles elle n'entretenait pas encore des relations normales, à cause des différends qui séparaient les trois Républiques à propos de leurs frontières respectives.

C'est dans ces conditions extrêmement graves que le gouvernement de la République Arménienne entreprit l'œuvre difficile d'organiser l'Etat et de rétablir l'ordre économique détruit.

Cependant, le travail incessant du peuple arménien, stimulé par l'idée de son indépendance politique, joint à l'aide matérielle du peuple américain des Etats-Unis, permirent au gouvernement de réaliser, de Juillet 1918 en Décembre 1920, ce qui suit :

1° Organiser la gendarmerie centrale et régionale, afin d'assurer la sécurité publique et les voies de communication ;

2° Rétablir le fonctionnement de la justice en fondant des tribunaux présidés par des juges assermentés ;

3° Organiser des autonomies administratives locales (zemstvos) ;

4° Réouvrir les écoles détruites pendant la guerre et en créer d'autres ;

5° Fonder une Université arménienne ;

6° Réorganiser l'armée ;

7° Rétablir les communications postales, télégraphiques et téléphoniques ;

8° Rétablir les communications ferroviaires, en reconstruisant les lignes de chemins de fer détruites par les Turcs ;

9° Réorganiser le système d'impôt et régler les finances du pays ;

10° Réorganiser les institutions médico-sanitaires ;

11° Fonder des orphelinats et des refuges pour les réfugiés ;

12° Réorganiser les travaux publics, etc.

En dépit des conditions difficiles ci-dessus mentionnées, un effort énorme fut déployé dans le cours de ces deux années, afin de restaurer le pays et d'en rétablir la vie économique. L'initiative privée et en commun, jointe à l'assistance de l'Etat, créèrent de grandes et de petites entreprises industrielles, dont quelques-unes n'avaient jamais existées en Arménie. C'est ainsi que des fabriques de cigarettes, créées pour la première fois, donnèrent un nouvel essor à la culture du tabac déjà existante. Privée de communication avec le monde extérieur, l'Arménie ne pouvait compter sur l'importation des articles manufacturés. Pour combler cette grande lacune, de nombreuses tisseranderies furent fondées, dont la production fut attribuée avant tout aux besoins des dizaines de milliers d'orphelins, et le surplus à ceux du reste de la population. Dans deux régions boisées de l'Arménie, à Sarikamiche et à Délidjan, des scieries, des ateliers de charpenterie et des fabriques de meubles furent intsallés. Deux arsenaux d'Etat furent créés, les fonderies furent reconstrnites et mises en action, etc.

Bientôt, grâce aux efforts de l'Etat, on commença à importer en Arménie des machines et des instruments agricoles afin de reformer l'économie agricole du pays.

Le travail assidu ne tarda pas, en un laps de temps relativement court, à donner des résultats bienfaisants. Ainsi, tandis que dans l'hiver de 1918-1919, des centaines et quelquefois des milliers de personnes étaient décimées par la famine et les épidémies, vers la fin du fonctionnement du gouvernement de la République Arménienne, c'est-à-dire dans l'été et l'automne de 1920, la famine, déjà disparue, ne laissait en Arménie qu'une crise d'approvisionnement, dont l'acuité s'atténuait de jour en jour. Les maladies épidémiques diminuèrent et disparurent presque. Le pays commençait à renaître petit à petit.

Sur ces entrefaites, dans un pays voisin, avaient lieu des événements dont la répercussion devait se faire sentir jusqu'en Arménie.

A la fin du mois d'Avril de 1920, l'armée rouge russe, venant du Caucase du Nord, s'emparait de Bakou. Le gouvernement de l'Azerbaïdjan ayant cédé, les autorités soviétiques s'établirent dans ce pays.

Peu de temps après les événements d'Azerbaïdjan, dans le courant du mois de Mai, des tentatives de révolutions bolchevistes avaient lieu dans quelques régions de l'Arménie. Bientôt des contingents de l'armée rouge faisaient quelques incursions dans les frontières nordiques de l'Arménie. Le gouvernement d'Arménie, fort de la confiance du peuple et de l'appui de son armée fidèle, réprimait vite et presque sans effusion de sang ces révoltes. L'armée arménienne repoussait aussi les attaques des rouges contre l'Arménie. L'ordre fut donc vite rétabli et le peuple put vaquer à ses occupations.

Pendant ce temps, une nouvelle tempête se préparait, qui allait bientôt éclater sur la tête de l'Arménie.

De tous les adversaires des Puissances Alliées, seule la Turquie n'avait point été désarmée par les vainqueurs. Cette circonstance fut immédiatement mise à profit par les Turcs. Sous la direction de Kemal pacha, ils furent à même d'organiser en Anatolie une force militaire suffisante pour continuer la lutte contre les Alliés. Et c'est ainsi que le mouvement turc, dit nationaliste, prit naissance, ayant pour but de forcer les Alliés à renoncer aux conditions de paix que, vainqueurs, ils avaient préparées pour les imposer à la Turquie vaincue. Le mouvement kémaliste, en tant que politique anti-ententiste, trouva un allié naturel dans le gouvernement soviétique de Russie qui luttait également contre l'Entente.

La signature du traité de Sèvres, par lequel la Turquie, entre autres conditions, s'engageait à reconnaître l'Arménie, « comme l'avaient déjà fait les Puissances Alliées, comme un Etat libre et indépendant », avec les frontières que tracerait le Président Wilson, fut l'occasion dont profita la Turquie kémaliste pour se déclarer l'adversaire armée des Alliés.

Pour la Turquie kémaliste et la Russie soviétique, la réduction de l'Arménie devenait une question du jour, étant donné que dans la seconde moitié de l'an 1920, l'Arménie était le seul rempart qui séparait les deux alliés ennemis de l'Entente : la Russie soviétique et la Turquie kémaliste.

Aussi, en Septembre 1920, le gouvernement kémaliste, sans même avoir déclaré la guerre, commençait-il des opérations militaires contre l'Arménie.

De son côté, la Russie soviétique concentrait d'assez grandes forces militaires sur les frontières du Nord de l'Arménie. Et pendant que le gouvernement de la République Arménienne, ayant réuni toutes les forces du pays, portait toute son attention sur les moyens de repousser les forces kémalistes qui avançaient dans la direction de l'Est, le représentant de la Russie soviétique présentait au gouvernement d'Arménie une note par laquelle il exigeait :

1° De laisser libre passage aux troupes soviétiques et kémalistes sur le territoire de l'Arménie ;

2° De renoncer au traité de Sèvres ;

3° De cesser toutes relations avec les Puissances Alliées.

Le gouvernement de la République Arménienne, nonobstant les circonstances difficiles dans lesquelles il se débattait, refusa d'accéder à ces conditions et demanda l'assistance des Puissances Alliées. Mais son cri d'appel resta sans écho. Seule et abandonnée, l'Arménie fut vaincue et obligée de signer, le 2 Décembre 1920, le traité d'Alexandropol, par lequel elle renonçait à la province de Kars et au district de Sourmalou.

Avant que ce traité ne fût signé avec les Turcs, l'Arménie subissait une nouvelle attaque.

Le 29 Novembre, le comité révolutionnaire formé à Bakou par les bolchéviks arméniens, entrait en Arménie à la tête des troupes rouges russes. Le gouvernement républicain de l'Arménie, pour ne point exposer le pays à toutes les horreurs d'une guerre civile, cédait devant la force et les autorités soviétiques s'établissaient en Arménie.

Cependant le régime établi par les bolcheviks, exercé par des réquisitions sans pitié, des persécutions et des bannissements de milliers d'hommes, des incarcérations, des exécutions, etc., exaspérant les populations de l'Arménie, les poussa à la révolte, en Février 1921, contre l'autorité venue du dehors, appuyée sur des baïonnettes étrangères. Le pouvoir soviétique fut renversé et la plus grande partie du territoire de l'Arménie fut débarrassée des forces rouges.

Pendant ce temps, la République voisine de l'Arménie, la Géorgie, succombait sous les coups réitérés de l'armée rouge russe. Après l'assujettissement de la Géorgie, les troupes russes rouges libérées, attaquèrent l'Arménie avec des forces nouvelles et plus importantes.

En dépit d'une résistance longue et obstinée du peuple, le pouvoir soviétique s'établit de nouveau, en Juillet 1921, sur les territoires de l'Arménie, non assujettis à la domination turque.

Ainsi donc, en 1921, une partie de l'Arménie fut occupée de force par la Turquie kémaliste et l'autre partie par la Russie soviétiste.

RICHESSES MINERALES DE L'ARMENIE

RICHESSES MINÉRALES DE L'ARMÉNIE

Données archéologiques et historiques. — Le territoire de l'Arménie et des pays limitrophes est considéré comme le berceau de l'art minier et de la métallurgie.

La découverte d'instruments de pierre de l'époque néolithique faite dans les différentes mines (par exemple les mines de sel gemme de Nakhitchévan), ainsi que les divers objets en métal, principalement en bronze, trouvés pendant les fouilles entreprises en Arménie par M. Jacques de Morgan et d'autres archéologues, confirment cette opinion.

La civilisation préhistorique de l'Arménie a sûrement connu la fonte des métaux, puisqu'elle s'en servait pour la fabrication des armes, des ustensiles et des ornements.

Au surplus, la plus belle preuve de cette antique civilisation est fournie par les nombreuses inscriptions cunéiformes — écriture vanique ou de Van — répandues sur une grande étendue du territoire de l'Arménie.

Aux temps historiques, selon le témoignage des historiens latins, l'Arménie était convoitée par Rome à cause de ses richesses. La cause principale de la prospérité de ce pays a été l'industrie minière et métallurgique dont les produits étaient l'or, l'argent, le bronze, le fer, etc.

Ces indications archéologiques et historiques, d'une part, et de l'autre les nombreuses mines abandonnées, les scories, les vestiges de forges et de fonderies, trouvés un peu partout dans le pays, permettent de compter l'Arménie comme une des premières contrées métallurgiques du monde à l'aurore de la civilisation européenne.

Les invasions mongoles et turques au Moyen-Age balayèrent pour plusieurs siècles cette belle industrie qui ne put renaître qu'au commencement du XIXe siècle, à la suite de l'établissement des autorités russes dans la Transcaucasie, qui favorisèrent le développement de l'industrie minière et métallurgique dans les provinces libérées du Nord de l'Arménie.

Etat actuel de l'industrie minière en Arménie. — Dans les tableaux ci-dessous dressés, relatant l'état actuel de l'industrie minière, pour l'évaluation des réserves de divers minerais de l'Arménie Orientale et pour la composition de la liste d'ensemble des gisements des minéraux, nous nous sommes basés sur les données officielles, publiées par l'Administration des Mines du Caucase.

A l'heure actuelle, l'industrie minière en Arménie est représentée par l'exploitation de treize mines de cuivre, six mines de pyrite de fer et cinq de sel gemme. Les usines de cuivre sont au nombre de huit (qui toutes ne fonctionnent pas toujours régulièrement).

Les tableaux rapportés ci-dessous donneront une idée de la production des mines et usines de l'Arménie.

MINERAIS DE CUIVRE

Rendement moyen annuel des mines de cuivre pour les années 1911, 1912 et 1913

NOMS DES MINES	RENDEMENT EN TONNES — Pour chaque mine séparément	RENDEMENT EN TONNES — Total par groupe
I. Groupe d'Allaverdi :		
1. Allaverdi	66.116	
2. Chamblough	11.147	
3. Akhtala	1.460	
4. Chahali-Eliar	29.955	
		108.678
II. Sissi-Madan	476	476
III. Groupe de Zanguézour :		
1. Sunik	750	
2. Kavart	4.492	
3. Katar	1.779	
4. Aralikh-Kabir	972	
5. Beyouk-Zami	2.000	
6. Barabatoum	1.151	
7. Divers	1.026	
		12.170
IV. Kédabek	33.576	33.576
Total dans les 13 mines......		154.900

CUIVRE RAFFINE

Production du cuivre raffiné pour l'année 1914

NOMS DES USINES	PRODUCTION DU CUIVRE EN TONNES — Pour chaque usine séparément	PRODUCTION DU CUIVRE EN TONNES — Total par groupe
I. Groupe d'Allaverdi :		
1. Allaverdi	2.719	
2. Chamblough	525	
3. Chahali-Eliar	66	
		3.310
II. Sissi-Madan	Pas de fonte	
III. Groupe de Zanguézour :		
1. Sunik	901	
2. Oughourtchaï	517	
3. Katar	Pas de fonte	
		1.418
IV. Kédabek	820	820
Total......		5.548

On voit par ce tableau que sur huit usines de cuivre, il n'en fonctionnait, en 1914, que six, avec une production totale de 5.548 tonnes de cuivre raffiné.

Comme la production totale du cuivre, dans les usines sus-mentionnées, pour les années 1911-12 et 13, égalait en moyenne 6.614 tonnes, l'on peut adopter le chiffre moyen de 6.000 tonnes pour l'ensemble des huit usines.

PYRITE DE FER

Rendement annuel des mines de pyrite de fer. — Ces dernières années, le rendement des mines de pyrite s'est accru sensiblement. On l'expédiait principalement à Bakou pour la fabrication de l'acide sulfurique.

Rendement des mines de pyrite en 1916

NOMS DES MINES	RENDEMENT EN TONNES
1. Allaverdi	12.700
2. Kédabek	3.560
3. Sissi-Madan	4.380
4. Tchiragui-Dzor	4.000
5. Tanzout	2.766
6. Tchiboukhli	1.000
Total......	28.406, ou
en chiffres ronds	28.400

SEL GEMME

Rendement moyen annuel des mines de sel gemme

NOMS DES MINES	RENDEMENT EN TONNES
1. Koulpi (Koghb)	11.300
2. Kaghisvan	5.800
3. Nakhitchévan	3.840
4. Soust	3.310
5. Olti	1.150
Total......	25.400

Rendement général annuel des mines et usines. — En additionnant les données précédentes, nous obtenons le chiffre de la production moyenne annuelle de toutes les mines et usines de l'Arménie.

NOMS DES MINERAIS ET METAUX	Nombre des mines et usines	Production moyenne annuelle en tonnes
1. Minerais de cuivre	13 mines	154.900
2. Cuivre raffiné	8 usines	6.000
3. Pyrite de fer	6 mines	28.400
4. Sel gemme	5 mines	25.400
Au total, dans les 24 mines et 8 usines, la production générale des minerais et du cuivre raffiné égale		214.700

Ces modestes chiffres prouvent que l'activité industrielle en Arménie est peu développée.

Le fait s'explique par les sérieux obstacles que rencontra dès son origine l'industrie minière et métallurgique en Arménie Orientale à cause de l'état arriéré du pays et surtout du développement lent et très limité du réseau des chemins de fer.

La première voie ferrée en Arménie ne fut en effet ouverte qu'en 1900, et la longueur totale du réseau n'atteint à l'heure actuelle que 640 kilomètres.

Aujourd'hui encore, les trois quarts de toutes les mines restent à l'écart de la voie ferrée.

Le rendement de l'Arménie en sel gemme et en pyrite présente 100 0/0 de celui de la Transcaucasie, la production du cuivre raffiné 65 0/0 de la production du Caucase entier et 20 0/0 de celle de toute la Russie.

Données générales sur le nombre de tous les gisements des minéraux enregistrés. — Outre les données précédentes sur l'état actuel de l'industrie minière en Arménie Orientale, nous possédons des renseignements officiels, recueillis par l'Administration des Mines du Caucase, concernant toutes les manifestations des richesses minérales de ce pays.

En ce qui concerne l'Arménie qui se trouve encore dans les limites de la Turquie, nous manquons de statistiques sur la production des mines et des usines de ce pays, où n'existe presque pas d'industrie minière.

Cependant, pour juger des richesses minérales de cette partie de l'Arménie, on peut se baser sur les données recueillies par les autorités russes pendant la guerre de 1915-1918 qui, bien que encore inédites, ont un caractère officiel.

Les divers rapports et comptes rendus des nombreux spécialistes et des missions, envoyés sur le théâtre de guerre arménien pour y étudier les minéraux, nous donnent une idée, bien que incomplète, sur les richesses du pays et le nombre des gisements découverts.

En somme, toutes les données sur les gisements des minéraux en Arménie, peuvent être résumées en une seule liste.

Liste d'ensemble des gisements des minéraux et des sources minérales sur le territoire de l'Armenie

N^{os} par ordre	Noms des minéraux	Nombre des gisements Arménie Orientale	Nombre des gisements Arménie Occidentale	Nombre total des gisements	
1.	Plomb argentifère et plomb	36	13	49	
2.	Or	16	14	30	
3.	Platine	—	1	1	
4.	Cuivre	194	13	207	
5.	Zinc	9	3	12	
6.	Etain	—	1	1	
7.	Molybdène	3	—	3	
8.	Antimoine	1	—	1	
9.	Cobalt	5	—	5	
10.	Manganèse	9	3	12	
11.	Fer	49	14	63	
12.	Chrome	2	—	2	
13.	Arsenic	8	4	12	
14.	Pyrite de fer	23	8	31	
15.	Soufre natif	9	10	19	
16.	Graphite	8	—	8	
17.	Houille et Lignite ..	39	30	69	
18.	Jais	1	—	1	
19.	Schistes combustibles	3	—	3	
20.	Tourbe	8	16	24	
21.	Naphte	2	14	16	
22.	Ozokérite (cire minérale)	1	—	1	
23.	Bitume	—	1	1	
24.	Chlorure de sodium (NaCl) :				
	Sel gemme	33	10	43	
	Sources salées	5	28	33	78
	Lacs salés	2	—	2	
25.	Carbonate de soude..	1	1 (Lac de Van)	2	
26.	Sel de Glauber	2	—	2	
27.	Borax	1	—	1	
28.	Salpêtre	1	—	1	
29.	Alun, alunite et schistes alunifères	11	2	13	
30.	Amiante (asbeste) ...	1	1	12	
31.	Kieselguhr (tripoli siliceux)	—	1	1	
	TOTAL......	483	188	671	
	Sources Minérales ...	48	47	95	

Le tableau ci-dessus indique que le nombre des gisements enregistrés en Arménie Orientale atteint 483, en Arménie Occidentale 188, total 671. Eaux minérales, en Arménie Orientale 48, en Arménie Occidentale 47, total 95.

Ce tableau est loin d'être complet. Dans la liste des gisements de l'Arménie Orientale ne sont point indiqués les nombreux permis de recherches, la présence des minéraux n'y ayant pas été toujours prouvée.

Le nombre des sources minérales de l'Arménie Orientale ne comprend que les sources de l'ancienne province de Kars et du gouvernement d'Erivan. Les renseignements sur les eaux minérales des régions montagneuses des districts de Bortchalou, Kazakh et Elisabetpol, de même que de Karabagh et de Zanguézour manquent complètement.

De plus, il ne faut pas oublier que l'ancien gouvernement russe n'attachait qu'une importance relative à l'étude des richesses naturelles de l'Arménie, à cause de la position éloignée de ce pays et du manque des voies de communications. La création des chemins de fer en Arménie n'a été dictée que par des raisons stratégiques, devant lesquelles les intérêts économiques du pays passaient au second plan.

Il est évident que le petit nombre de gisements enregistrés en Arménie Occidentale ne peut être expliqué que par l'absence de recherches géologiques dans l'ancien Empire Ottoman.

Malgré toutes ces conditions défavorables, qui ne permirent point d'étudier dans toute leur étendue les richesses minérales de l'Arménie, la liste ci-dessus, déjà fort imposante, démontre clairement le nombre très considérable des gisements sur le territoire de l'Arménie, ainsi que l'intensive minéralisation de ses entrailles.

Minéralisation du sein de l'Arménie. — Cette minéralisation est dûe à l'étendue très grande des roches éruptives sur toute la superficie de ce pays, où, en plus des espèces de ces roches, les anciens granites, les syénites, puis les diabases et les diorites, leurs porphyrites et tufs, ainsi que les basaltes, andésites, trachytes, leurs laves et tufs sont largement représentés.

On sait que le magma volcanique (partie supérieure de la masse ignée de l'intérieur de la terre) est le milieu génésiaque de la plupart des minéraux.

Quant à la houille et au lignite, au sel gemme et au naphte, le milieu ordinaire contenant les gisements de ces minéraux en Arménie sont les dépôts sédimentaires du système tertiaire, très répandus dans ce pays.

Nombre insignifiant des gisements exploités. — En comparant le nombre total des gisements en Arménie — 671 — avec le nombre des mines exploitées actuellement — 24 — nous voyons qu'il y a très peu de concordance entre les richesses du pays et le degré du développement de l'industrie minière.

Une quantité énorme de minéraux reste inexploitée dans le sein de la terre. Nous avons indiqué plus haut les causes de ce fait regrettable.

Mais parmi les catégories de minéraux actuellement en exploitation — et il n'en est que trois : minerais de cuivre, pyrite de fer et sel gemme — les quantités exploitées sont infimes, comparées aux réserves de ces minéraux.

Quelques données sur les réserves des gisements de cuivre, de pyrite de fer et de sel gemme. — Quelques données serviront à illustrer notre idée.

Minerais de cuivre. — Les gisements des minerais de cuivre de Zanguézour, concentrés dans les montagnes du Petit Caucase, au sud-est du lac de Sevan (partie sud du district de Zanguézour, gouvernement d'Elisabetpol), dans le bassin de la rivière Oktchitchaï, occupe la première place non seulement en Arménie Orientale, mais dans tout le Caucase. Ils s'étendent sur une large superficie et se distinguent par le riche pourcentage de métal qu'ils contiennent (en moyenne 10-12 0/0) et par leurs gîtes en forme de filons réguliers.

Le seul gisement de Katar-Kavart, dans sa partie explorée, contient, d'après les données officielles, une réserve totale de minerai égalant 655.000 tonnes, ce qui donne, avec un pourcentage de 10 à 12 0/0, le chiffre imposant de 65.000 à 78.000 tonnes de cuivre métallique.

Mais si l'on tenait compte du grand nombre de gisements de cuivre, non compris dans ce calcul et dont plusieurs présentent un intérêt fort sérieux, on verrait que tout le vaste groupe des gisements de Zanguézour, surtout après la construction du chemin de fer absent aujourd'hui, atteindrait une importance mondiale, grâce aux énormes réserves de minerais et au riche pourcentage de cuivre et de métaux précieux (les minerais de cuivre d'Arménie contiennent ordinairement de l'or et de l'argent en quantités qui peuvent être extraites avec profit par l'électrolyse). A l'heure actuelle, on n'y extrait (comme nous l'avons vu plus haut), que 12.170 tonnes de minerai de cuivre et on ne fond que 1.418 tonnes de cuivre raffiné.

PYRITE DE FER. — Sans parler des gisements de cuivre d'Allaverdi, de Kédabek et de Sissi-Madan, où ces dernières années, pour faire face aux demandes croissantes, on extrayait de la pyrite parallèlement au cuivre, les gisements de Tchiragui-Dzor (à 40 kilomètres au sud d'Elisabetpol, dans la partie montagneuse arménienne du district d'Elisabetpol), de Tanzout (à 7 1/2 kilomètres au sud-ouest de la station de Karaklis des chemins de fer arméniens) et de Tchiboukhli (à 21 kilomètres au sud-ouest de Djalal-Ogli) présentent des amas énormes avec des réserves de pyrite innombrables.

L'exploitation annuelle, ainsi que nous l'avons dit plus haut, n'atteignait que 28.400 tonnes, tandis que les demandes étaient très grandes, surtout pour les usines d'acide sulfurique de Bakou, et les derniers temps d'avant-guerre le bassin houillier du Donetz commença aussi à se servir de la pyrite d'Arménie. Signalons, entre autres, que presque toutes les pyrites d'Arménie contiennent du cuivre, de 1,5 0/0 à 2 0/0, et des métaux précieux — or et argent — en quantités favorables à l'exploitation.

SEL GEMME. — Par la richesse de ses gisements de sel gemme, l'Arménie occupe une des premières places dans le monde entier.

Les gisements les plus connus sont les suivants : Koulpi (en arménien Koghb), Kaghisman (en arménien Kaghizvan), Nakhitchévan, Soust, Olti, Dournoustchaï, Todan, Akhtchaï et Boulanikh, qui sont tous, sauf celui d'Olti, situés dans la vallée de l'Araxe et les régions avoisinantes.

Certains d'entre eux forment des montagnes entières d'excellent sel gemme (Koulpi) et jouissent d'une renommée juste et méritée, aussi bien dans le Caucase qu'en Turquie et en Perse.

D'après les données officielles, les réserves de sel gemme en Arménie s'évaluent par les chiffres approximatifs suivants (en tonnes) :

1. Koulpi	516.400.000
2. Nakhitchévan	53.800.000
3. Soust	43.000.000
4. Dournous-tchaï	2.114.000
5. Kaghisvan	2.000.000
6. Todan	1.550.000
7. Akh-tchaï	1.446.000
8. Boulanikh	1.030.000
9. Olti	460.000
TOTAL......	621.800.000 tonnes.

Ces réserves sont, dans le sens complet du mot, inépuisables. Pour la confirmation de cette assertion, il suffit d'indiquer que cette quantité pourrait largement ravitailler tout le Caucase pendant plusieurs milliers d'années (la consommation annuelle du sel en Transcaucasie ne dépassant pas 65 à 75 mille tonnes).

Tous les gisements de sel gemme de l'Arménie Orientale ne sont pas indiqués dans la série sus-mentionnée (on en compte 33).

En outre, en Arménie Occidentale, principalement dans le vilayet d'Erzeroum, se trouvent de nombreuses sources salées, dont dix seulement sont en exploitation.

Comme conclusion de tout ce qui vient d'être dit, il est évident que le sel est la richesse nationale de l'Arménie, de même que le manganèse l'est pour la Géorgie et le naphte pour l'Azerbéidjan.

Le rendement annuel des mines de sel gemme en Arménie Orientale (voir plus haut) égale 25.400 tonnes, chiffre vraiment nul comparé aux réserves de ce minéral.

Ici comme ailleurs, les mêmes causes, l'absence des voies ferrées et de l'accès à la Mer Noire, entravent toute entreprise d'exploitation en grand. Celles-ci supprimées, le sel d'Arménie trouverait non seulement un débit assuré au Caucase, en Turquie et en Perse, mais encore, grâce à son bon marché et à ses qualités supérieures, deviendrait un objet sérieux d'exportation par la Mer Noire à l'étranger, dans les contrées pauvres en sel.

Ce débit pourrait être augmenté considérablement sur place, près des mines de sel, par l'installation d'usines pour la fabrication de carbonate de soude et de soude caustique, bases de l'industrie chimique.

Gisements des minéraux non exploités. — Parmi les gisements actuellement non exploités, notons ceux qui présentent un réel intérêt et une valeur industrielle.

Minerai de fer. — Le gisement de minerai de fer le plus important en Arménie Orientale se trouve près du village Dachkessan (Karhat), à 37-42 kilomètres au sud-ouest de la ville d'Elisabetpol.

Dès l'époque historique, les Arméniens fondaient le minerai de fer de Dachkessan par des procédés primitifs. Ici, au sommet de la montagne, à la hauteur de 300 mètres au-dessus du niveau de la vallée, on aperçoit un grandiose affleurement de magnétite.

Selon les données officielles, les réserves de minerai, dans la partie explorée du gisement, sont d'environ 13 1/2 millions de tonnes. Le pourcentage du fer égale en moyenne 65 0/0. D'après l'opinion de Beck, professeur à l'Académie des Mines de Freiberg, ce gisement serait d'une importance mondiale et pourrait être comparé à celui de Schwarzenberg. Un autre gîte important de minerai de fer est connu dans le même rayon entre les villages Dachkessan et Baïan.

Alun et Aluminium. — Près du village de Zaglik, dans la partie montagneuse du nord de l'Arménie Orientale, à 37 kilomètres au sud-ouest de la ville d'Elisabetpol, on trouve les gisements d'alun connus dans l'histoire du pays.

Ces gîtes contiennent d'énormes réserves et pourraient acquérir un intérêt mondial.

Formés d'alunite, c'est-à-dire du mélange de l'alumine ($Al_2 O_3$) et du sulfate d'alumine et de potasse, ils peuvent servir à l'extraction, non seulement des aluns de potassium, mais aussi à la préparation de l'aluminium métallique.

Le professeur Mendeleyeff prédit un grand avenir à ce gisement.

Ici on pratique une méthode primitive pour extraire la roche alunifère dans les carrières ; puis, par l'alcalisation et la cristallisation, on obtient des aluns de qualité remarquable.

La roche alunifère contient jusqu'à 37,58 0/0 d'alumine et présente un des meilleurs minerais d'aluminium. La rivière Chamkhor, qui se trouve non loin de cet endroit, pourrait assurer l'énergie hydraulique.

Toutes les conditions favorables au développement de la fabrication de l'aluminium se trouvent donc réunies sur place.

Une toute petite partie du gisement de Zaglik, ayant une superficie d'un kilomètre carré, contient environ 15.250 tonnes d'aluminium métallique (calcul de l'ingénieur Maliavkine).

Houille. — 1° *Gisement d'Olti*, en Arménie Orientale, à 37 kilomètres au nord-est de la ville d'Olti : contient quatre couches de houille d'une épaisseur moyenne de deux mètres chacune. Ces charbons, d'après la classification de Gruner, appartiennent à des houilles sèches à longue flamme.

Les cendres dans les espèces supérieures de la houille sont en moyenne de 9,34 0/0, dans les inférieures de 25 0/0. Cette houille ne donne pas de coke métallurgique. Le pouvoir calorifique varie entre 5.250 et 7.450 calories, c'est-à-dire équivaut en moyenne à 6.350 calories. Ces charbons se rapportent à la période tertiaire.

Le triage dans les mines et, après l'extraction, à la surface, peut réduire à 15-20 0/0 le pourcentage de cendres dans les charbons de qualité inférieure.

La houille, comme l'ont prouvé les expériences faites sur les locomotives des chemins de fer Transcaucasiens avant la guerre et sur les lignes arméniennes, en 1920, peut être employée au chauffage des locomotives, des chaudières, etc. Pendant la guerre, 6.000 tonnes de houille furent extraites par le Gouvernement russe. Les réserves du gisement ne sont pas évaluées à moins de 40 millions de tonnes de charbon (ingénieur Tcharnotski). D'autres, comme l'ingénieur anglais Howell, en compte jusqu'à 205 millions de tonnes sur une superficie de 12.474 acres (d'après ce dernier il y aurait six couches).

Ce gisement a une très grande valeur pour l'Arménie, qui manque de combustible non seulement pour ses chemins de fer, mais encore pour la consommation domestique, car le pays est presque dénué de forêts et les hivers y sont très rudes. Il peut fournir du charbon non seulement à toute l'Arménie, mais aussi à l'étranger, à la condition expresse toutefois qu'une ligne de chemin de fer relie le bassin houiller d'Olti à la Mer Noire, par la distance la plus courte.

2° *Gisements de l'Arménie Occidentale.* — Nous rencontrons ici une série de gisements de houille et de lignite ayant un intérêt local et exploités pendant la guerre de 1915-1918 pour les besoins de l'armée russe.

En voici les principaux :

a) *Molla-Souleiman,* dans la vallée d'Alachkert, à 3 kilomètres à l'ouest du village du même nom, et à 37 kilomètres à l'ouest de Kara-Kilissa, le gisement (lignite) est relié par un embranchement au chemin de fer à voie étroite de Karaklis-Chahtakhti ;

b) *Pagadjouk et Kirchavan* (lignite), à 4 kilomètres du chemin de fer d'Erzeroum-Sarikamiche (voie étroite) ;

c) *Sivichli* (lignite), à 9,5 kilomètres d'Erzeroum par la chaussée vers Hassan-Kala;

d) *Kukurtli,* à 69 kilomètres d'Erzeroum vers l'ouest. Jusqu'à présent, on a constaté quatre couches d'une épaisseur de 0,32 m., 0,50 m., 0,60 m. et 0,62 m. La réserve découverte atteint 130.000 tonnes. L'exploitation mensuelle donnait 250 tonnes de houille de couleur noire, à éclat adamantin. Ce gisement est un des plus intéressants parmi ceux de l'Arménie Occidentale ;

e) *Kissik, près de Khnis-Kala.* — Houille supérieure comme qualité à celle de Kukurtli. Les couches sont plus minces. Une recherche plus approfondie pourrait faire découvrir des couches plus épaisses. Gisement offrant de l'intérêt ;

f) *Aghzi-Atchik*, à 4 kilomètres à l'est d'Erzeroum par la chaussée vers Hassan-Kala, lignite, deux couches d'une épaisseur moyenne de 1,4 m.

NAPHTE. — En Arménie Occidentale on a enregistré 14 gisements de naphte, dont les suivants sont dignes d'intérêt :

a) *Pellouk* (Pulk), à 4 kilomètres au nord du village de Pellouk et à une trentaine de kilomètres de Mamakhatoun, sur le versant nord-est de la montagne Doumanda-Tapa. Le naphte se trouve dans les sables, grès et conglomérats. Il est de haute qualité. Ce gisement présente un intérêt sérieux. Les travaux de recherches, entamés par les Russes pendant la guerre, n'ont pas été terminés ;

b) *Magalissor et Divan-Hussein.* — Dans la région de Knis-Kala, sur le versant nord de la chaîne Khamour.

Le naphte se trouve dans une série de grès d'une puissance considérable. Les couches forment un pli anticlinal, avec une inclinaison des flancs de 30° à 60°. Ce gisement n'a été prospecté qu'en partie.

c) *Naftik.* — Dans une vallée profonde du versant sud de la chaîne de Khamour, déjà mentionnée.

On y trouve d'anciens puits à main turcs, où l'eau se rassemble avec un peu de naphte noir.

Des recherches plus minutieuses sont nécessaires pour ce gisement.

d) *Katranli*, à 42 kilomètres au sud-est d'Erzeroum, sur le versant sud de la chaîne de Palantéken. Les affleurements du naphte sont subordonnés à une série puissante de sables, grès, argiles et brèches. Cette série a une inclinaison de 20 à 30 0/0. Les réserves principales de naphte se trouvent dans les sables et les grès. L'horizon naphtifère a une étendue considérable. Le naphte est de couleur vert clair, très gazeux. Les travaux de recherches n'y furent pas achevés par suite de la retraite de l'armée russe. Ce gisement donne de grandes espérances, et est d'un intérêt particulier.

e) *Korzot*, à 6 kilomètres au sud-est du village Korzot ,le long de la petite rivière de Nafti-Dzor (vilayet de Van). Est relié par une route carossable à la station Safali du chemin de fer de Makou. Naphte lourd, se trouve dans les grès. L'inclinaison des couches ne dépasse pas 35°. Les formations sédimentaires sont couvertes de laves tertiaires. Les sondages entrepris par les Russes n'ont pas atteint l'horizon naphtifère. Le gisement présente indiscutablement une réelle valeur et mérite des recherches particulières.

TOURBE. — Les tourbières sont très répandues en Arménie. Certaines d'entre elles s'étendent sur une distance de 12 kilomètres d'une profondeur de 2 mètres. Les réserves en tourbe sont énormes. Quelques tourbières de l'Arménie Occidentale furent exploitées avec succès pour les besoins de l'armée russe. Ces gisements de tourbe méritent la plus grande attention comme combustible bon marché pour ce pays dénudé, où la tourbe peut facilement remplacer le « *kiziak* », mélange de fumier et de paille menue, préparé par les paysans.

CARBONATE DE SOUDE. — Le lac de Van, d'une superficie de plus de 3.000 kilomètres carrés et d'une profondeur atteignant, en certains endroits, 100 mètres, contient environ 10 grammes de carbonate de soude pour un litre d'eau, ce qui fait pour la masse d'eau du lac — d'une profondeur d'un seul mètre au-dessous de son niveau — 30 millions de tonnes de carbonate de soude.

L'extraction de ce sel par l'évaporation se faisait en petites quantités par les indigènes.

ARSENIC. — Ce minerai rare se rencontre en Arménie en quantité ayant une grande importance industrielle. Le minerai contenant l'orpiment et le réalgar se trouve dans la province de Kars, à 37 kilomètres à l'Ouest de la ville de Kaghisman, sur les versants de la chaîne d'Aghri-Dagh.

En 1916, plus de 3.400 tonnes de réalgar furent extraites par des entrepreneurs particuliers et envoyées à Moscou pour la fabrication des gaz asphyxiants.

Ce minerai précieux se rencontre encore en Arménie Occidentale, dans le vilayet de Van (Andanis, Nordouze, Akbagh, Khochab), et est exploité en quelques-uns de ces endroits.

CHROMITE (fer chromé). — Les gîtes de ce minerai se trouvent en quantités industrielles au bord nord-est du lac de Sevan (Goktcha). La guerre a arrêté l'exploitation commencée de ce minerai.

MINERAIS DE PLOMB ARGENTIFÈRE. — Parmi les nombreux gisements de ce minerai, notons la région de *Gumuchluk* (près du village Yaïdji), dans le district de Charour-Daralaguiaze du gouvernement d'Erivan, dans la vallée de la rivière d'Arpatchaï Oriental. Depuis les temps historiques, les Arméniens ont toujours exploité plusieurs gisements en cette région.

En 1908, on y outilla une usine destinée à une production annuelle de 820 tonnes de plomb métallique, mais la guerre empêcha le développement de cette industrie. Ce rayon, d'un intérêt spécial, sera dans l'avenir le centre de l'industrie du plomb argentifère. L'Arménie Occidentale possède également des gisements de ce minerai d'une importance industrielle.

Autres minéraux. — Dans un court exposé comme celui-ci, il est impossible de s'arrêter sur tous les minéraux de l'Arménie.

On trouvera les indications nécessaires dans la liste d'ensemble ci-dessus rapportée des gisements des minéraux.

Contentons-nous de noter ici brièvement les indications intéressantes concernant la présence de l'or, soit en filons, soit en sables aurifères, du platine (à Sassoun, sandjak de Mouch), des minerais de zinc, d'étain (ce dernier est surtout remarquable comme partie composante du bronze ; dans la montagne Kapoutkogh, entre le village d'Andzak et le monastère Sourp-Akop, vilayet de Van), du manganèse, soufre natif, graphite, asbeste, kieselguhr, etc.

L'Arménie possède encore d'intéressants gisements de barytine, gypse, pierre ponce, pierre lithographique, calcaires à ciment, calcaires, marbre, pierres meulières, argiles, obsidienne, quartz, etc.

Pierre de taille. — L'Arménie est surtout riche en pierre de taille. Elle possède en abondance des roches éruptives : granits, syénites, ainsi que des basaltes, andesites, trachytes, laves doléritiques et leurs nombreux tufs, présentant un excellent matériel de construction.

Les anciennes églises arméniennes, monastères, ponts, villes sont bâtis avec des roches tufoïdes très résistantes.

Dans toute l'Arménie sont dispersées de très nombreuses carrières pour l'extraction de la pierre de taille. Les carrières de granit pour le pavage des rues et chaussées sont concentrées dans la gorge de Bambak (Débéda-tchaï), traversée par le chemin de fer arménien, d'où ces pierres étaient expédiées pour le pavage des rues de Tiflis.

Eaux minérales. — La plupart des nombreuses sources minérales de l'Arménie possèdent des propriétés curatives, en qualité d'eaux médicinales et balnéothérapiques.

Le groupe le plus intéressant est celui des sources situées dans la vallée d'Alachkert, sur la rive droite de l'Euphrate, à 6 ou 7 kilomètres au sud de la ville de Diadine. La température de l'eau est de 43°-47° R. Sources sulfo-alcalines, contenant un fort pourcentage d'acide sulfhydrique, déposent des montagnes entières de travertin ; elles sont liées avec le volcan de Tandourek, demeurant à l'état solfatarien. Les sources sulfo-alcalines de Diadine, avec un énorme débit d'au moins 60.000 hectolitres par jour, ont le plus bel avenir ,et grâce au climat salubre de la vallée d'Alachkert, il serait possible d'y créer une station thermale de tout premier ordre.

En outre, les sources chaudes de Hassan-Kala (20°-41° R) alcalino-salées, contenant de l'acide carbonique, d'un débit journalier de plus de 15.000 hectolitres, sont dignes d'un intérêt particulier, ainsi que les sources thermales (37°-39° R) d'Ilidja (près d'Erzeroum), de la même composition chimique, d'un débit atteignant jusqu'à 60.000 hectolitres par jour. Ces deux groupes de sources sont utilisés dans des buts médicaux et balnéaires.

⁂

Conclusion. — Cette courte description des richesses minérales de l'Arménie, leur grand nombre et leur variété prouvent que ce pays est abondamment favorisé par la nature.

En supprimant les causes qui entravaient jusqu'à présent le développement de l'industrie minière dans cette contrée — en Arménie Orientale, la pauvreté des communications, en Arménie Occidentale, l'absence complète des voies ferrées et la mauvaise administration —, en y établissant l'ordre et la liberté, les capitaux nationaux aussi bien qu'étrangers, armés de la science moderne de l'art minier et de la métallurgie, y afflueront et donneront un essor puissant à ces branches de l'industrie, sources de la richesse et de la prospérité du pays.

RESERVES AQUEUSES DE LA REPUBLIQUE ARMENIENNE

RÉSERVES AQUEUSES DE LA RÉPUBLIQUE ARMÉNIENNE

HOUILLE BLANCHE. — IRRIGATION

Relief et climat. — Le relief d'un pays, son altitude générale au-dessus du niveau de la mer, la distribution de sa superficie en zones séparées d'après la hauteur, le climat, la température, les précipitations atmosphérique sont les facteurs principaux, dont dépend la détermination du caractère des cours d'eau, leur formation et leur régime.

Examinons chacun de ces facteurs en particulier.

Tout le territoire de la République Arménienne peut, d'après sa configuration, être partagé en trois zones :

1° La partie la plus basse, la vallée de l'Araxe, est située à une altitude de 400 à 1.000 mètres au-dessus du niveau de la Mer Noire. Elle forme une zone de plaines au pied des montagnes et représente les 9 0/0 de la superficie totale du pays ;

2° La zone moyenne est formée par des hauts plateaux, d'une altitude de 1.000 à 3.000 mètres, et englobe les 88 0/0 de la superficie totale du pays.

3° Enfin la zone des hautes montagnes couronnant la zone des plateaux, à une altitude de 3.000 à 5.100 mètres (mont Ararat), ne représente que 3 0/0 de la superficie du pays.

Par son relief, le territoire de la République Arménienne forme donc, dans son ensemble (91 0/0), une région montagneuse avec des plateaux en terrasses et des cimes couvertes de neiges éternelles.

Cette région est coupée par de profondes et étroites vallées, où coulent des rivières ayant un caractère nettement torrentiel.

Bien que ces rivières ne soient alimentées ni par les glaciers, ni par les neiges éternelles, elles ont cependant un cours rapide, d'une forte pente, et recèlent ainsi d'immenses réserves d'énergie hydraulique pouvant être transformée en travail utile.

Le second agent, après le relief, est le climat. C'est de lui que dépendent la température du pays, la quantité des précipitations atmosphériques et, de ces dernières, la balance des eaux du pays et leur distribution selon les saisons.

Le climat de l'Arménie subit l'influence de trois facteurs différents : sa situation géographique dans une zone tempérée, sa grande altitude par rapport au niveau de la mer, et enfin ses chaînes périphériques formant barrière contre les vapeurs d'eau venant de la mer.

Conséquence des conditions ci-dessus, la température moyenne annuelle de l'Arménie atteint 4° C. dans la zone supérieure (village Elienovka) et jusqu'à 11° C. dans la zone inférieure (Erivan).

La température moyenne la plus basse égale —6° C. dans la zone inférieure et —9° dans la supérieure.

La température moyenne la plus haute est de 25° C. dans la zone inférieure et 16° C. dans la supérieure.

La température absolue la plus basse dans la zone inférieure est de —26°7 C.

La température absolue la plus haute dans cette même zone inférieure égale 36,7° C.

L'amplitude moyenne des oscillations équivaut à 31,7° dans la zone inférieure et à 25,4° dans la supérieure. Amplitude maximale égale 62°.

En ce qui concerne les précipitations atmosphériques, leur quantité moyenne annuelle (de 250 à 700 mm.) est insignifiante à cause de l'obstacle fait par les montagnes périphériques aux vapeurs d'eau des mers Noire et Caspienne. Les plus grandes précipitations se produisent au printemps, alors que leur hauteur atteint de 100 à 300 mm. Dans les autres saisons cette hauteur s'abaisse jusqu'à 25 mm., ce qui provoque les sécheresses si fréquentes en Arménie.

Le climat de l'Arménie,par conséquent,doit être rapporté aux climats secs avec de brusques oscillations journalières et annuelles de température.

C'est pourquoi les richesses aqueuses de l'Arménie ne proviennent pas tant de l'abondance des pluies, que de la chute des neiges durant l'hiver, toujours très long dans ce pays par suite de sa grande altitude.

L'épaisse couche de neige commence à fondre dès les premiers jours tièdes du printemps, et la puissance hydraulique des rivières d'Arménie atteint alors son maximum. Ainsi, d'un côté, les précipitations atmosphériques étant extrêmement faibles, d'un autre côté l'alimentation par les glaciers et les neiges éternelles étant nulle, et, enfin, les lits des cours d'eau ayant les flancs de leurs bassins versants presque dénudés, — les rivières d'Arménie, d'après leur régime, appartiennent aux cours d'eau aux variations très accentuées de niveau et de débit, c'est-à-dire aux eaux hautes le printemps et basses l'été et l'hiver.

Tels sont les traits généraux d'existence, d'alimentation et de régime des cours d'eau du plateau arménien.

Rivières et lacs. — Cinq fleuves appartenant aux bassins des trois mers prennent leur source sur ce plateau : l'Araxe et la Koura se jetant dans la mer Caspienne, le Tigre et l'Euphrate dans le golfe Persique et enfin le Djorok dans la Mer Noire.

Parmi les bassins intérieurs, il faut citer celui du lac de Sévan (Goktcha), d'une superficie d'environ 1.410 kilomètres carrés et situé à une altitude de 6.300 pieds, soit 1.890 mètres, avec les 29 rivières y débouchant, et le bassin du lac de Van, d'une superficie de 3.000 kilomètres carrés et d'une altitude de 5.367 pieds, soit 1.690 mètres.

Telle est la réserve acqueuse de l'Arménie; elle fut en partie soumise à une série d'expériences et d'observations sous l'Empire russe.

Ces études nous permettent de fixer, avec une exactitude presque scientifique, les bases d'après lesquelles on peut évaluer l'énergie hydraulique des rivières d'Arménie, industriellement utilisable.

Il est malheureusement impossible d'en dire autant de l'autre partie de l'Arménie qui se trouve encore dans les limites de la Turquie. Aucune expérience, ni observation n'y ont été possibles. Dans les calculs qui vont suivre, nous n'envisagerons donc que la République Arménienne, en nous basant sur des données solidement établies.

Données générales pour l'évaluation de la force hydraulique des rivières. — Sans entrer dans les détails techniques du calcul des données, qu'il aurait fallu rapporter s'il s'agissait d'un exposé plus fondamental, contentons-nous de signaler ce qui est indispensable de savoir pour la détermination de la force hydraulique d'une rivère :

1° Longueur de la rivière dans la partie explorée de son bassin; 2° Hauteur moyenne en mètres de cette partie du bassin; 3° Superficie en kilomètres carrés.

Ces données, avec celles concernant la quantité des précipitations atmosphériques, obtenue par les observations météorologiques, ainsi que le volume minimal des cours d'eau déterminé par les observations hydrographiques, donnent la possibilité d'évaluer l'énergie hydraulique qui peut être transformée en travail mécanique. Ce travail, exprimé en chevaux-vapeur, est proportionnel au produit du débit des cours d'eau du bassin donné (volume d'eau passant par seconde) par la hauteur de chute.

Longueurs, surfaces des bassins et chutes des rivières de la République Arménienne. — Dans le tableau suivant (N° I) toutes les rivières de l'Arménie sont divisées en une série de bassins (le fleuve Araxe, par exemple, avec ses affluents est partagé en 26 bassins différents) ; pour chaque bassin, on indique sa superficie, sa hauteur et la longueur de la rivière dans cette partie.

(*Voir tableau I pages suivantes*)

TABLEAU I

Rivières de la République Arménienne

NOMS DES RIVIÈRES	LONGUEUR		SURFACE		CHUTE	
	en kil.	en milles	en kil. carrés	en milles carrés	en mètres	en pieds
I. — BASSIN DE LA MER NOIRE.						
Olti-tchaï :						
a) Dans l'Arménie	85	52,87	3.018	1.155	647	2.120
b) Entière	128	79,70	6.880	2.654		
II. — BASSIN DE LA MER CASPIENNE.						
A. — BASSIN DE L'ARAXE.						
1. Araxe, de ses sources jusqu'à la frontière ci-devant turque	193	120,00	6.820	2.635		
2. Araxe et ses affluents Zohrab-Khana-sou, Akhtchaï et autres, de la frontière ci-devant turque jusqu'à son confluent avec l'Arpatchaï Occidental	178	110,80	3469,4	1.339	531,37	1.740
3. Arpatchaï Occidental avec ses affluents Kars-tchaï, Tchaldir avec le lac Tchaldirgueul et Digor-tchaï	165	102,5	9.800,8	3.780	1.024	3.360
4. Araxe, du confluent de l'Arpatchaï Occidental à celui de l'Abaran	78	48,52	2.026,0	783,0	127,3	418,0
5. Abaran et Kara-sou	112,0	69,70	1.802,0	696,0	1.491,67	4.900,0
6. Zanga avec son affluent Mamane	116,0	72,20	2.453,0	946,0	1.158,13	3.800
7. Lac de Goktcha :						
a) Superficie du lac			1.410	545,0		
b) Tout le bassin du lac Goktcha avec les 29 rivières y débouchant	4.794,0	1.650,0				
8. Garni-tchaï	55,0	34,21	690,0	267,0	1.200,0	3.940,0
9. Araxe entre Garni-tchaï et Vedi-tchaï	30,0	18,66	215,0	83,0		

NOMS DES RIVIÈRES	LONGUEUR		SURFACE		CHUTE	
	en kil.	en milles	en kil. carrés	en milles carrés	en mètres	en pieds
10. Vedi-tchaï	48,0	29.86	830,0	320,0	1.000,0	3.280,0
11. Kara-sou Moyen			1.142,0	441,0		
12. Araxe de son confluent avec le Kara-sou Moyen jusqu'à celui de l'Arpa-tchaï Oriental.	58,5	36,40	900,5	347,0	10,5	34,5
13. Arpatchaï Oriental avec son affluent Allageuze-tchaï	110,5	68,70	2.247,0	870,0	630	2.320
14. Araxe, du confluent de l'Arpa-tchaï Oriental jusqu'à celui de Nakhitchévan-tchaï (en Arménie Orientale)	59,0	36,70	637,0	246,0	39,31	129,0
15. Nakhitchévan-tchaï avec son affluent Djagri-tchaï	77,0	49,90	1.478,0	571,0	660,0	2.165,0
16. Araxe, de son confluent avec le Nakhitchévan-tchaï jusqu'à celui de l'Alindja-tcha (dans l'Arménie Orientale)	26,5	16,48	280,0	108,0	51,96	171,0
17. Alindja-tchaï	54,5	33,90	484,2	187,0	554,72	1.815,0
18. Araxe, du confluent de l'Alindja-tchaï jusqu'à celui de Guélian-tchaï (dans l'Arménie Orientale)	24,5	15,24	374,8	145,0	22,83	75,0
19. Guélian-tchaï	50,5	31,41	454,2	175,0	154,50	471,53
20. Araxe, du Guélian-tchaï jusqu'au Bassoute (dans l'Arménie Orientale)	73,0	45,40	123,20	478,0	217,5	712,0
21. Bassoute :						
a) Dans la République Arménienne	25,0	15,55	210	81,0		
b) Sur tout son parcours	53,0	30,00	300,8	116,0		
22. Okhtchi-tchaï						
a) Dans la République Arménienne	47,0	29,23	1.022,0	395,0		
b) Sur tout son parcours	75,5	47,00	1.191,0	460,0		

NOMS DES RIVIÈRES	LONGUEUR		SURFACE		CHUTE	
	en kil.	en milles	en kil. carrés	en milles carrés	en mètres	en pieds
23. Bazar-tchaï :						
a) Dans la République Arménienne........	103,0	64,15	2.490,0	963,0		
b) Sur tout son parcours..................	159,0	98,90	2.988,2	1.160,0		
24. Akéra :						
a) Dans la République Arménienne........	83,0	51,63	2.130,0	824,0		
b) Sur tout son parcours..................	171,5	106,67	2.512,9	930,0		
25. Kozlou-tchaï :						
a) Dans la République Arménienne........	12,0	7,46	194,0	75,0		
b) Sur tout son parcours..................	35,5	22,08	470,0	183,0		
26. Kondalan av. Kerous-tchaï et Ichkhan-tchaï :						
a) Dans la République Arménienne........	33,0	20,53	518,0	200,0		
b) Sur tout son parcours..................	80,5	50,07	972,0	375,0		
L'Araxe avec tous ses affluents dans les limites de la République Arménienne.............			41.873,9	16.150,0		
B. — BASSIN DE LA KOURA :						
1. Koura, de ses sources jusqu'au confluent avec Sarma	38,0	23,64	465,7	180,0		
2. Sarma	33,0	20,53	750,0	289,5		
3. Koura, de son confluent avec la Sarma jusqu'à celui du Kani-tchaï	27,0	16,80	1.721,4	664	413,3	1.355,0
4. Kani-tchaï	37,0	23,01	323,7	125,0	326,5	1.068,0
5. Koura, de son confluent avec le Kani-tchaï jusqu'à celui d'Akhalkalak-tchaï..........	61,0	37,94	130,0	502	422,06	138,0
6. Akhalkalak-tchaï avec le lac Toumangueul et Toporovan	91,8	57,0	2.300,0	892,0	948,0	3.110,0
7. Poskhov-tchaï :						
a) Dans la République Arménienne........	27,5	17,2	600	232	501,0	1.640,0
b) Sur tout son parcours..................	48,0	29,80	1.024,6	700,0	661,0	2.160,0

NOMS DES RIVIÈRES	LONGUEUR		SURFACE		CHUTE	
	en kil.	en milles	en kil. carrés	en milles carrés	en mètres	en pieds
8. Khram (partie supérieure)	53,0	33,0	808,0	312,0	700,0	2.300,0
9. Sources des affluents de droite de la rivière Machaver (affluent du Khram)			1.072,0	413,0		
10. Bambak (Débéda-tchaï), affluent de droite du Khram, avec son affluent de droite la Kamenka	144,0	89,50	3.980,0	1.570,0	1.300,0	426,4
11. Akstafa, avec son affluent Tarsa-tchaï :						
a) Dans la République Arménienne	72,0	44,87	226,2	872	2.300,0	75,44
b) Sur tout son parcours	106,0	65,80	2.730,9	10,55	2.700,0	8.856,0
12. Parties supérieures des affluents de droite de la Koura : r. r. Dzêgam, Chamkhor, Katchkar, Gandja-tchaï, Kurak-tchaï, Guéran-tchaï, Indja-tchaï, du confluent de la Koura avec l'Akstafa jusqu'à celui de la r. Terter (dans les limites de la République Arménienne)			4.180,0	1.613,0		
13. Terter :						
a) Dans la République Arménienne	110,0	68,40	2.820,0	1.088,0		
b) Sur tout son parcours	141,5	87,90	3.350,0	1.290,0		
14. Khatchen-tchaï :						
a) Dans la République Arménienne	60,0	37,30	65,0	25,0		
b) Sur tout son parcours	106,0	66,30	1.301,0	50,0		
15. Karkartchaï :						
a) Dans la République Arménienne	45,0	28,0	872,0	336,0		
b) Sur tout son parcours	98,2	61,0	2.241,0	865,0		
Tout le bassin de la Koura dans les limites de la République Arménienne			24.117,0	9.300,0		
TOUTES LES RIVIÈRES DE LA RÉPUBLIQUE ARMÉNIENNE			69.009,0	26.600,0		

D'après ce tableau, il est évident que toutes les rivières d'Arménie ont une forte pente, en moyenne de 5 à 10 mètres par kilomètre et, en certains endroits, elle atteint même 25 mètres par kilomètre.

La partie moyenne de l'Araxe se distingue par une pente minimale à partir de son confluent avec la rivière Zanga jusqu'à celui de la rivière Nakitchévan-Tchaï ; le fleuve prend ensuite un caractère net de rivière de plaine.

Ces renseignements sur les pentes, extraits des cartes de l'Etat-Major russe du Caucase (échelle : une verste dans un pouce anglais), ainsi que ceux concernant les débits des cours d'eau, fournis par les observations du Département Hydrométrique du Caucase, nous permettent d'évaluer approximativement les réserves aqueuses de l'Arménie.

Puissance des cours d'eau d'Arménie en chevaux-vapeur. — Dans le tableau ci-après (N° II), nous démontrons la puissance des rivières en chevaux-vapeur ; les chiffres y sont évalués en se basant sur les débits de trois catégories : 1) *Débit caractéristique d'étiage*, c'est-à-dire celui au-dessous duquel le débit ne descend pas, année moyenne, plus de 10 jours par an; 2) *Débit caractéristique de 9 mois*, c'est-à-dire celui au-dessous duquel le débit ne descend pas pendant plus de 90 jours par an ; et 3) *Débit caractéristique moyen de 6 mois*, c'est-à-dire celui au-dessous duquel le débit ne descend pas plus de 180 jours par an (1).

Le premier débit se mesure à l'étiage et, par conséquent, correspond au minimum de la force hydraulique nécessaire à la marche normale d'une installation industrielle. C'est pourquoi la puissance, évaluée d'après ce débit minimum, peut être envisagée comme puissance minimale industrielle.

(1). *Aménagement des chutes d'eau. — Utilisation de la houille blanche*, par Lévy-Salvador et Cauvin, ingénieurs, Paris 1920. Page 26.

TABLEAU II

Puissance des rivières de la République Arménienne

NOMS DES RIVIÈRES	PUISSANCE EN CHEVAUX-VAPEUR		
	basée sur le débit caractéristique d'étiage	basée sur le débit caractéristique de 9 mois	basée sur le débit caractéristique moyen de 6 mois
I. BASSIN DE LA MER NOIRE :			
1. Olti-tchaï dans les limites de la République Arménienne	45.000	68.000	95.000
II. BASSIN DE LA MER CASPIENNE :			
A. *Bassin de l'Araxe.*			
1. Araxe, avec ses affluents Zohrab-Khanason, Akh-tchaï et autres, de la frontière ci-devant turque jusqu'à son confluent avec l'Arpatchaï Occidental ..	82.000	125.000	157.000
2. Arpatchaï Occidental, avec ses affluents Kars-tchaï, Tchaldir, avec le lac Tchaldir-Gueul et Digor-tchaï..	87.000	176.000	193.000
3. Araxe, de son confluent avec l'Arpatchaï Occidental jusqu'à celui de l'Abaran	47.000	75.000	93.000
4. Abaran et Kara-Sou..	37.000	89.000	103.000
5. Zanga, avec son affluent Mamane	107.000	116.000	147.000
6. Garni-tchaï	10.000	24.000	27.000
7. Araxe, entre Garni-tchaï et Vedi-tchaï	2.000	4.000	5.000
8. Vedi-tchaï	11.000	28.000	31.000
9. Araxe, du Kara-Sou jusqu'à son confluent avec l'Arpartchaï Oriental	0	0	0
10. Arpatchaï Oriental, avec son affluent Alagueuz-tchaï	20.000	47.000	55.000
11. Araxe, de son confluent avec l'Arpatchaï Oriental jusqu'à celui			

NOMS DES RIVIERES	PUISSANCE EN CHEVAUX-VAPEUR		
	basée sur le débit caractéristique d'étiage	basée sur le débit caractéristique de 9 mois	basée sur le débit caractéristique moyen de 6 mois
de Nakhitchévan-tchaï (dans l'Arménie Orientale)	0	0	0
12. Nakhitchévan-tchaï ..	14.000	33.000	37.000
13. Araxe, de son confluent avec le Nakhitchévan-tchaï jusqu'à celui de l'Alindja-tchaï près Djoulfa (dans l'Arménie Orientale)	13.000	25.000	51.000
14. Alindja-tchaï	4.000	9.000	11.000
15. Araxe, de son confluent avec l'Alindja jusqu'à celui de Guélian-tchaï (dans l'Arménie Orientale)	8.000	14.000	28.000
16. Guélian-tchaï	3.000	7.000	8.000
17. Araxe, du Guélian-tchaï jusqu'au Bassoute	68.000	134.000	173.000
18. Bassoute (en Arménie Orientale)	1.000	3.000	4.000
19. Okhtchi-tchaï (dans la République Arménienne)................	15.000	30.000	40.000
20. Bazar-tchaï (dans la République Arménienne)................	30.000	60.000	85.000
21. Akéra (dans la République Arménienne) ..	25.000	50.000	70.000
22. Kozlou-tchaï (dans la République Arménienne)................	1.000	2.000	3.000
23. Kondalan, avec ses affluents (dans la République Arménienne) ..	2.000	4.000	7.000
Araxe avec tous ses affluents dans les limites de la République Arménienne	632.000	1.123.000	1.423.000
B. *Bassin de la Koura.*			
1. Koura, de son confluent avec la Sarma jusqu'à celui du Kani-tchaï ..	10.000	17.000	29.000

NOMS DES RIVIÈRES	PUISSANCE EN CHEVAUX-VAPEUR		
	basée sur le débit caractéristique d'étiage	basée sur le débit caractéristique de 9 mois	basée sur le débit caractéristique moyen de 6 mois
2. Kani-tchaï	1.000	2.000	3.000
3. Koura, de son confluent avec le Kani-tchaï jusqu'à celui d'Akhalkalak-tchaï	25.000	42.000	69.000
4. Akhalkalak-tchaï	25.000	41.000	66.000
5. Poskhov-tchaï	3.000	6.000	9.000
6. Khram (partie supérieure)	7.000	11.000	31.000
7. Bambak, avec ses affluents	73.000	116.000	337.000
8. Akstafa, avec ses affluents (dans la République Arménienne) ..	54.000	86.000	246.000
9. Terter (dans la République Arménienne) ..	45.000	90.000	125.000
10. Khatchen-tchaï (dans la République Arménienne)	15.000	30.000	42.000
11. Karkar-tchaï (dans la République Arménienne).	7.000	14.000	18.000
Tout le bassin de la Koura dans les limites de la République Arménienne	265.000	455.000	975.000
Toutes les rivières de la République Arménienne..................	**897.000**	**1.578.000**	**2.398.000**

On voit par ce tableau que la puissance minimale des cours d'eau de la République Arménienne équivaut à 897.000 chevaux-vapeur ; la puissance correspondant au débit de neuf mois égale 1.578.000 HP, et celle se basant sur le débit de six mois atteint jusqu'à 2.398.000 HP. Considérant qu'aujourd'hui les indusriels sont parvenus à utiliser des débits de cinq, quatre et même de trois mois (1), il serait modeste de notre part d'estimer *le minimum indusriel de puissance hydraulique dans toute la République Arménienne à un million de chevaux-vapeur*.

(1) *Aménagement des chutes d'eau*, etc. page 26.

On pourrait facilement obtenir cette quantité par les travaux de dérivation, ainsi que par l'accumulation des eaux de crues dans des barrages-réservoirs. Ces derniers pourraient être édifiés sans difficultés techniques, car la plupart des rivières arméniennes coulent dans des gorges aux fonds rocheux et aux parois abruptes (formés de roches éruptives massives). Comme preuve de notre droit d'estimer le minimum industriel à un million de HP., on peut citer un fait intéressant mis en évidence par la statistique des installations hydro-électriques de 1916, en France. Elle a démontré que la puissance nominale installée des usines hydro-électriques (au nombre de 12) dans la région des Alpes atteignait 228.000 HP., alors que la puissance basée sur le débit caractéristique moyen de six mois n'y dépassait pas 117.500 HP (1).

Les mêmes auteurs (Lévy-Salvador et Cauvin) affirment « qu'on « ne se contente plus actuellement d'utiliser le débit caractéristique « moyen et qu'on aménage, en général, une puissance nominale très « supérieure à celle qu'il produirait. Aujourd'hui on donne souvent « aux ouvrages de dérivation une capacité suffisante pour véhiculer le « volume d'eau représenté par le débit de trois mois (page 65-66). »

Le chiffre d'un million de chevaux-vapeur de houille blanche, utilisable dans la République Arménienne, représente 22,22 0/0 de la puissance des rivières de toute la Transcaucasie égalant 4 1/2 millions HP au minimum.

Nous tenons à rappeler que toutes ces évaluations ne concernent que la République Arménienne.

Faute d'observations météorologiques et hydrographiques touchant l'Arménie demeurée dans les limites de la Turquie, il est impossible de déterminer exactement la puissance des rivières de ce pays en chevaux-vapeur. Il y existe pourtant des bassins avec des réserves aqueuses, situées à des altitudes considérables, ayant de grandes chutes et pouvant, pour cette raison, fournir une force hydraulique très importante.

En ce siècle d'électricité, l'énorme puissance hydraulique de la République Arméniene reste encore fort peu utilisée.

Concessions d'avant-guerre pour l'utilisation de la houille blanche en Arménie. — Il y a une dizaine d'années, les représentants de la technique et du capital anglais, dans la personne de l'ingénieur Charles-Henri Stuart, s'intéressèrent à cette question et obtinrent une concession pour installer sur le lac de Sévan (Goktcha), une usine

(1) *Aménagement des chutes d'eau*, etc., page 25.

hydro-électrique d'une puissance de 45 mille chevaux-vapeur, représentant environ le vingt-deuxième de toute la force hydraulique de l'Arménie. Cette concession faisait partie d'une concession générale, donnée en 1912 par la Russie à ce même Charles-Henri Stuart, pour l'utilisation de la force hydraulique du Térek, près de la station Kasbek (route militaire de Géorgie). La concession fut accordée pour une durée de 75 ans, avec droit de rachat à l'expiration d'un délai de 30 ans à partir du fonctionnement de l'installation. Le but de cette installation était l'électrification d'entreprises industrielles : chemins de fer, éclairage, etc. La guerre arrêta l'exécution de cette tâche.

Une autre concession, ou plutôt autorisation, resta également inexécutée. Elle avait été donnée par l'Inspection des Eaux du Caucase à la Société par actions « *Péroun* » pour l'installation d'une usine hydro-électrique de 8.000 chevaux-vapeur sur la rivière Kamenka, afin de fournir d'énergie une fabrique de carbure de calcium.

Installations hydro-électriques existantes et moulins à eau. — Le tableau ci-après (N° III) nous montre les installations hydro-électriques, déjà existantes en Arménie.

TABLEAU III

Installations hydro-électriques existantes dans la République Arménienne

NOMS DES COURS D'EAU EXPLOITÉS	Lieu des installations	Noms des propriétaires	Destination des installations	Puissance en HP	Tension et espèce de courant
1. Bambak (Débéda-Tchaï)	Village Allaverdi (100 verstes au sud de Tiflis)	Société « Industrielle et Métallurgique du Caucase »	Mines et usines de cuivre et électrolyse du cuivre	1.500	3.000 v. triphasé
2. Toporovan..	Ville d'Akhalkalaki	Chahparonian	Eclairage de la ville	65	230 continu
3. Okhtchi-tchaï	Village Ougourt-chaï (district de Zanguézour)	Société « Industrielle et Métallurgique du Caucase »	Mines et usines de cuivre	300	5.200 triphasé
4. Délijanka (Affluent de l'Akstafa)	Ville de Délijan	Grigorian	Eclairage	49	235 continu
5. Zanga	Ville d'Erivan	Société « Choustov »	Eclairage de la ville	70	235 continu
6. Zanga	Ville d'Erivan	Société « Ampère »	Eclairage de la ville	400	230/6.000 triphasé
		TOTAL......		2.384 HP.	

L'on voit par ce tableau que la puissance totale de ces six usines atteint 2.384 chevaux-vapeur et que quatre d'entre elles sont destinées à l'éclairage. Deux autres usines, Allaverdi, de 1.500 chevaux, et Okhtchi-tchaï, de 300 chevaux, fournissent l'énergie électrique aux usines de cuivre.

L'outillage technique de toutes ces usines hydro-électriques est extrêmement simple. Elles possèdent des canaux de dérivation. Comme moteurs, on se sert des turbines Francis ou simplement de roues hydrauliques (usines Délijan).

En outre, on se sert de la force hydraulique en Arménie pour actionner les moulins à eau, dont le chiffre atteint 2.000.

Dans ces moulins, les forces aqueuses sont exploitées d'une façon primitive ; la hauteur moyenne y égale 3,6 mètres. La chute de l'eau se produit par un canal court. Une roue à arbre horizontal, contre laquelle l'eau est projetée par un chéneau d'amenée en bois, sert de moteur. La quantité d'eau s'évalue par la mesure locale « *bache* », qui vaut 1/400 de sagène cub., soit 1,9 de vedro d'eau par seconde. Deux baches tombant d'une hauteur d'une sagène (2,13 mètres), produisent une force équivalente à un cheval-vapeur. Le rendement moyen d'un de ces moulins atteint 30 pouds de farine par jour.

Chaque moulin étant d'une puissance de 5 HP, l'énergie utilisée par l'ensemble de ces moulins atteint donc 10.000 HP, ce qui, avec une dépense d'énergie de 2.384 HP sur les usines hydro-électriques, composera un chiffre rond de 12.500 HP. L'énergie électrique était appliquée ces dernières années à l'usine de cuivre d'Allaverdi pour l'électrolyse, à l'aide de laquelle on obtenait, outre le cuivre, des métaux précieux (or et argent), qui accompagnent en certaine quantité le minerai de cuivre et la pyrite de fer dans tous les gisements de l'Arménie.

Les expériences d'électrolyse, commencées sur une large échelle à l'usine d'Allaverdi, et qui donnaient déjà de beaux résultats, furent malheureusement interrompus à cause de la guerre.

Nous venons de démontrer plus haut que, de toute la quantité de force hydraulique de la République Arménienne, évaluée à un million de HP, il n'est employé actuellement que 12.500 HP environ, soit 1 1/4 0/0 à peine ; les autres 98 3/4 0/0 de cette force demeurent inutilisées.

Régularisation des débits par les barrages et irrigation. — Cependant, la mise en action de cette énergie par l'édification de barrages-réservoirs pour l'emmagasinement des eaux, ainsi que la création des canaux d'irrigation descendant de ces réservoirs, auraient une énorme valeur économique pour le pays.

En décrivant le caractère des rivières d'Arménie et le régime de leur alimentation, nous avons indiqué que ces rivières — comme cours d'eau de montagne coulant rapidement et alimentés presque exclusivement par la fonte des neiges — présentent de grandes oscillations des débits.

Avec les premiers jours de printemps, la petite rivière, démesurément crue, se transforme en un impétueux torrent, qui emporte dans la plaine non seulement le surplus de ses eaux, mais encore le limon et les roches, rencontrés sur son chemin, et y occasionne souvent de grands dégâts.

Il serait opportun de prendre des mesures nécessaires tant pour sauvegarder la plaine des ravages des grandes crues torrentielles, que pour retenir ces eaux sur leur chemin, en les emmagasinant dans des réservoirs sûrs, pour s'en servir ultérieurement par le moyen des canaux d'irrigation qui distribueraient l'eau dans la mesure du besoin, le plus utilement et le plus économiquement possible.

Réservoirs et canaux d'irrigation historiques. — La construction des barrages-réservoirs, dictée par les conditions naturelles de l'Arménie, y était pratiquée dès la plus haute antiquité. Leurs vestiges détruits et recouverts de limon se retrouvent encore de nos jours. Un de ces réservoirs, connu sous le nom de « Khany-Gueul » (ce qui veut dire « Lac du Khan »), dans le district de Nakhitchévan, fut restauré en 1853; sa capacité égale 50.000 sagènes cubes, soit 480.000 m. cubes.

Les canaux d'irrigation existaient déjà sur le territoire de l'Arménie dès le VIIIe siècle avant J.-C. Leur construction était une affaire d'Etat; les rois eux-mêmes s'y intéressaient et érigeaient ainsi des monuments éternels pour la plus grande utilité du pays. En effet, un des plus anciens canaux avait été construit au début du VIIIe siècle avant J.-C. par le roi d'Arménie (Ourartou) Ménuas, dans la région de Van, connu sous le nom de « Canal de Sémiramis » (section transversale 4 m. carrés).

Irrigation des terres incultes. — Pour démontrer l'importance de la création des canaux d'irrigation en Arménie, il suffit de noter que dans la vallée de l'Araxe, près de 200.000 déciatines (218.000 hectares) de terrains incultes pourraient donner d'abondantes récoltes, s'ils étaient arrosés.

Ces 200.000 déciatines, plantées de cotonniers et irriguées, pourraient produire annuellement 4 millions de pouds de coton, ce qui représente 65.500 tonnes d'une valeur totale de 262 millions de francs.

Comme preuve de la facile réalisation de ce projet — (il ne manque que les capitaux) — rappelons que le Gouvernement Impérial Russe accordait des concessions pour l'irrigation des terrains du gouvernement d'Erivan. Ainsi, en 1870, le général Kahanoff obtint une concession d'une durée de 45 ans pour l'irrigation de 10.000 déciatines (10.900 hectares) de terrains de l'Etat dans la steppe d'Arazdaïan (en aval de la station Davalou, sur la rive gauche de l'Araxe).

L'entreprise ne fut exécutée qu'au bout de quatre ans. Le canal d'irrigation amenait les eaux de l'Araxe sur une longueur de 2 verstes 100 sagènes (2 kil. 350 mètres); il fonctionne encore aujourd'hui, mais il aurait besoin de réparations que son dernier propriétaire — Société par actions « Arazdaïan » — avait commencé à effectuer en 1913, quand la guerre arrêta ces travaux.

Une autre concession, cédée en 1872, pour l'irrigation de 1.950 déciatines (2.125 hectares) du terrain inculte nommé « Kir », dans le district de Nakhitchévan, fut également exploitée. Le canal d'irrigation, alimenté par la rivière Bazartchaï, présente au point de vue technique, sur le témoignage de spécialistes compétents, « une construction remarquable ayant réussi à surmonter toutes les difficultés techniques avec des ressources restreintes ».

Enfin, le Gouvernement de la République Arménienne, en dépit des conditions défavorables de sa courte existence, s'occupa énergiquement de la réalisation du projet d'irrigation des 46.000 déciatines (50.140 hectares) de la steppe de Sardarabad. Le Parlement d'Arménie avait voté dans ce but plus de 4 millions de roubles et les recherches en avaient été confiées à l'ingénieur Zavalichine.

En outre, l'Administration centrale de l'Agriculture et des Domaines de l'Etat avait demandé, en 1919, un crédit pour l'irrigation d'environ 20.000 déciatines (21.800 hectares) de terrain situé dans les endroits nommé Edjilar, Akouri, Nakhitchévan et autres de la steppe de Sardarabad. Mais aucun de ces travaux ne fut exécuté à cause des conditions politiques.

Canaux d'irrigation en activité, leur nombre et disposition. — Le tableau suivant (N° IV), extrait du compte rendu de 1905 de l'Inspecteur des Eaux du Caucase, indique le nombre des canaux d'irrigation en activité dans le gouvernement d'Erivan, les noms des arrondissements d'Inspection des Eaux où ils se trouvaient, et la surface irriguée par eux.

TABLEAU IV

Canaux d'irrigation en activité du Gouvernement d'Erivan

(d'après le compte-rendu de l'Inspection des Eaux du Caucase, pour 1905)

Sections des Eaux (divisions administratives anciennes)	NOMS DES ARRONDISSEMENTS D'INSPECTION DES EAUX (appelés « magals »)	Nombre de canaux d'irrigation principaux	Nombre de villages profitant de l'eau	SURFACE IRRIGUÉE	
				Déciatines	Acres
II.	Kirkhboulak	6	18	3.405	8.819
	Zanguibassar	7	29	11.286	29.231
	Garnibassar	16	51	9.540	24.709
	Vedibassar	7	—	11.578	29.987
	Abaran	14	79	19.583	50.720
	Sardar-abad	9	27	10.252	26.566
	Taline	—	25	9.943	25.752
	Sourmalou	16	78	23.493	60.847
	Partchi	—	32	11.400	29.526
	Alexandropol	6	28	8.501	22.018
	Goktcha	—	76	13.730	35.561
	Total	81	443	133.411	343.736
VII.	Charouro-Daralaguiaz	17	—	14.068	36.436
	Nakhitchévan	22	75	15.286	29.591
	Alindja-tchaï	7	18	3.350	8.677
	Dosti	23	28	6.957	18.018
	Total	69	121	39.661	92.722
	TOTAL GÉNÉRAL	150	564	173.072	436.458

On voit par ce tableau, que jusqu'en 1905, 150 canaux d'irrigation arrosaient les terres de presque 564 villages, d'une superficie totale d'environ 173.000 déciatines (436.458 acres).

En 1919, lors de la formation de la République Arménienne, ce nombre s'éleva jusqu'à 200.000 déciatines. Mais il n'en reste pas moins dans la vallée de l'Araxe, plus de 200.000 déciatines de terrain vierge inculte attendant l'irrigation pour se transformer en belles plantations de coton, riches vignobles et riants vergers, dont les produits pourraient faire honneur à n'importe quel pays de haute culture.

Cette transformation ne pourrait être réalisée que par un travail systématique, appliqué tant à la construction des canaux qu'à l'édification des grands barrages-réservoirs, pouvant emmagasiner les crues de printemps, pour s'en servir fructueusement, en cas de nécessité, dans l'arrosage des champs.

Lacs-Réservoirs naturels. — Le plus grand réservoir naturel de l'Arménie Orientale est représenté par le lac de Sevan (Goktcha), d'une superficie de 1.410 kilomètres carrés, situé à une altitude de 1.890 mètres. Ce réservoir recèle en lui une immense force potentielle et, utilisé avec prudence et intelligence, il pourrait arroser et fertiliser les espaces arides et les transformer en grenier d'abondance pour la population.

**
*

Conclusion. — Telles sont, en traits généraux, les ressources aqueuses de la République Arménienne. Elles présentent une source de force gratuite d'un million de chevaux-vapeur, pouvant être utilisée pour les divers besoins de l'Etat, en tout premier lieu à l'électrification des chemins de fer.

Afin de se faire une idée de l'exceptionnelle importance de la houille blanche en Arménie, il suffit d'indiquer que ce pays ne possède actuellement ni mines de charbon, ni exploitations de naphte et ses chemins de fer reçoivent le combustible des Etats voisins, la Géorgie et l'Azerbaïdjan.

L'accord conclu entre les trois Républiques du Caucase, concernant les questions de douane, ne permet certainement pas de laisser les chemins de fer arméniens manquer de combustible, mais il faut tout de même que ce combustible soit acquis et transporté, tandis que l'électrification des chemins de fer par l'énergie hydraulique gratuite s'impose d'elle-même, sans oublier la commodité et l'hygiène de l'emploi d'énergie électrique, en remplacement du charbon ou du naphte.

Si l'on ajoute à tout cela que cette énergie peut être employée dans d'autres buts pratiques et industriels, comme tramways, éclairage, moteurs divers, industrie électro-mécanique et électro-chimique, métallurgie (électrolyse du cuivre et des métaux précieux), enfin l'extraction de l'azote de l'air, la fabrication du salpêtre si nécessaire comme engrais, l'énorme importance des richesses aqueuses de l'Arménie dans sa vie économique et les brillantes perspectives promises à ce pays par l'exploitation de ces richesses, deviendront absolument évidentes.

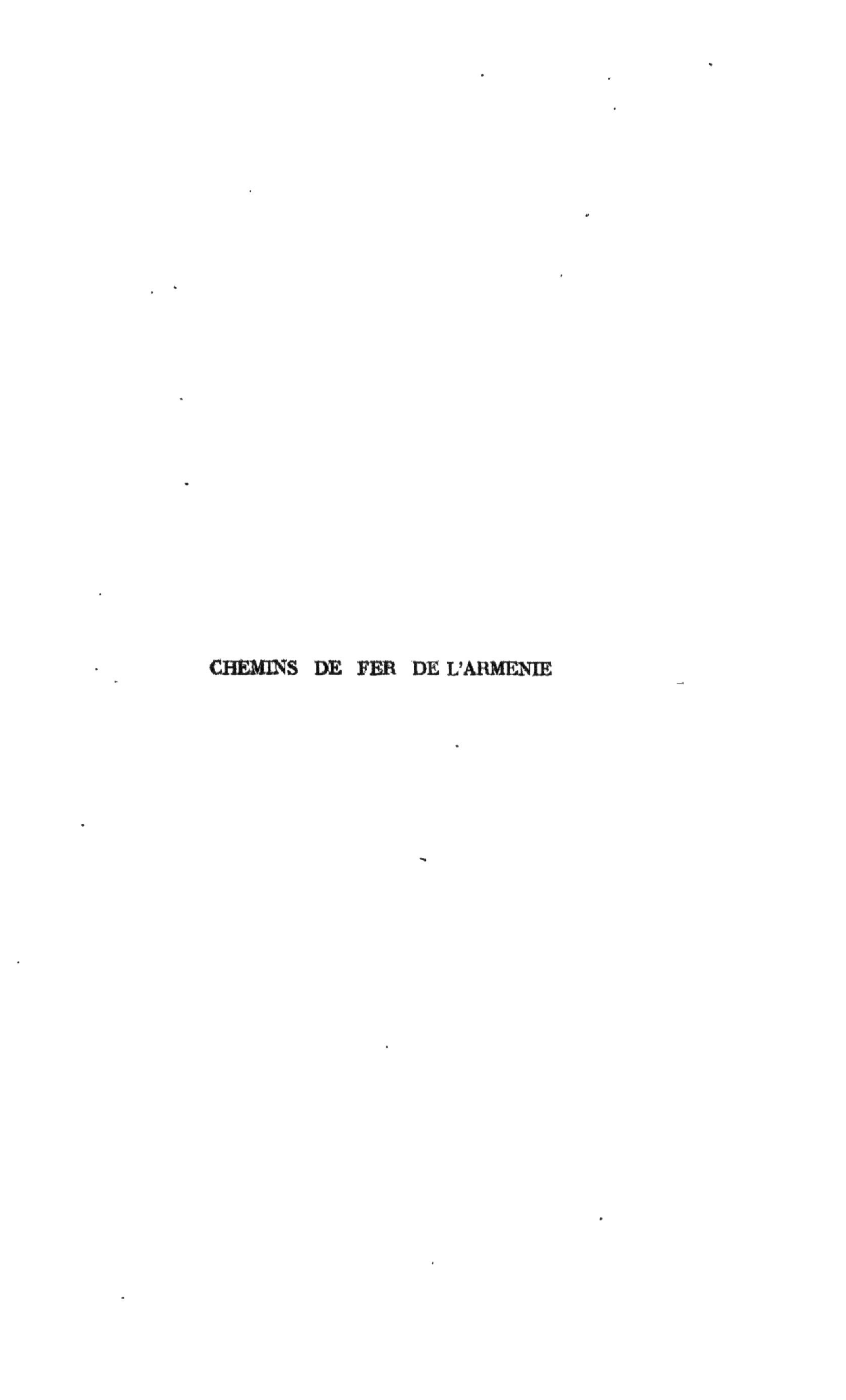

CHEMINS DE FER DE L'ARMENIE

CHEMINS DE FER DE L'ARMÉNIE

Longueur générale des voies ferrées et routes carrossables. — En consultant la carte de l'Arménie, on remarque que son territoire, passage historique des invasions et des migrations des peuples asiatiques vers la Méditerranée, et théâtre de guerres continuelles entre l'Occident et l'Orient, est privé de voies de communications convenables.

Ce n'est qu'en 1900 que la Russie, dans un but exclusivement stratégique, fit construire en Arménie le premier chemin de fer : de Tiflis à Alexandropol-Kars et à Erivan-Djoulfa. Cette voie ferrée, malgré les défauts de son tracé, ne tarda pas à montrer son utilité pour le mouvement commercial.

La longueur des chemins de fer (à voie large) en Arménie atteint aujourd'hui 600 verstes ou 640 kilomètres, ce qui est absolument insuffisant aux besoins vitaux du pays.

L'Arménie possède encore des chemins de fer à voie étroite, d'une longueur générale de 584 kilomètres :

1) *Sarikamich-Karaourgan-Hassan-Kala-Erzeroum-Mamakhatoun* sur une longueur de 234 kilomètres ;

2) *Chahtakhti-Makou-Baïazet-Karakilissa d'Alachkert*, d'une longueur de 205 kilomètres ;

3) *Baïazet-Van*, presque achevé en 1918, sauf les rails ; longueur 145 kilomètres.

L'étendue totale des chaussées pavées, en bon état, atteint 1.500 kilomètres dans l'Arménie Orientale. On y trouve également des routes vicinales carrossables d'une longueur totale de 1.500 kilomètres.

Laissant de côté la question de la construction de nouvelles chaussées pavées et routes vicinales, nous allons nous occuper exclusivement des voies ferrées.

Il ne faudrait pourtant pas croire que les chaussées ont moins d'importance pour le développement du pays et l'amélioration des voies de communications. Au contraire, avec le progrès actuel de l'automobilisme, dans la jeune République, économiquement encore mal assise, les chaussées doivent être largement développées et utilisées pour la circulation d'automobiles de voyageurs et de marchandises.

Importance de la construction de nouvelles voies ferrées. — Pour le développement économique de l'Arménie, il faudrait couvrir tout son territoire d'un réseau de chemins de fer et lui assurer un accès à la mer.

La position géographique de l'Arménie, sur la grande route entre l'Occident et l'Orient, commande impérativement la nécessité de la construction immédiate des voies de transit les plus courtes pour le transport et l'écoulement des produits industriels de l'Occident sur les marchés de l'Orient et, inversement, pour l'exportation des matières premières de l'Orient en Occident.

Les chemins de fer déjà existants et ceux en projet recevront une importance internationale pour l'établissement des relations directes entre l'Orient et l'Occident, car les intérêts économiques de l'Arménie demandent plutôt l'affluence des marchandises que l'interdiction du transit à travers son territoire.

Les chemins de fer actuels vers les Mers Noire et Caspienne ne correspondent pas aux exigences du transit ; les marchandises parcourent des distances superflues, ce qui augmente sensiblement le tarif.

La voie ferrée, reliant aujourd'hui l'Arménie à la Mer Noire, fait une brusque courbe du bassin de l'Araxe dans la direction de la vallée de la Koura et traverse deux cols considérables avec de pénibles montées — ceux de Djadjour et de Souram —, pour arriver à Batoum, au lieu de suivre les vallées de l'Araxe et du Djhorok, avec une seul col entre les bassins de ces deux rivières, ce qui raccourcirait sensiblement la longueur par rapport à l'actuelle.

Que les chemins de fer existants répondent mal aux besoins de l'Arménie, cela apparaît évident par les comparaisons des distances suivantes :

I. Direction vers la Mer Noire

Longueur de la ligne actuelle :

Djoulfa-Erivan-Tiflis-Batoum	843 verstes

Longueur de la ligne projetée :

Djoulfa-Erivan-Artvine (vallée du Djorok)-Batoum	624 —
Différence......	219 verstes

II. Direction vers la Mer Caspienne

Longueur de la ligne actuelle :

Djoulfa-Erivan-Tiflis-Bakou	1.031 verstes

Longueur de la ligne projetée :

Djoulfa-Aliat-Bakou	450 —
Différence......	581 verstes

La nécessité de la construction immediate de nouvelles lignes principales, garantissant à l'Arménie les accès les plus directs à la Mer Noire et à la Mer Caspienne, est frappante d'après les chiffres susindiqués.

Pour prouver que la construction desdites lignes et, en général, la création de nouveaux chemins de fer est chose économiquement réalisable, il suffit de signaler que les voies ferrées en Arménie — malgré les grands défauts de leurs tracés qui, poursuivant exclusivement un but stratégique ont laissé à l'écart des centres comme la ville d'Erivan — ont, cependant, donné un puissant essor au développement de la vie commerciale et industrielle du pays.

Aperçu sur l'activité des chemins de fer arméniens sous les autorités russes.— Un extrait du « Sommaire aperçu sur l'activité commerciale des chemins de fer Transcaucasiens de l'année 1916 », dont le réseau du Midi appartient, aujourd'hui, à la République Arménienne, nous donne une idée du travail des chemins de fer arméniens, d'après les tableaux suivants : numéros 1, 2 et 3.

TABLEAU 1

Nombre des voyageurs payants

Années	1911	1912	1913	1914	1915	1916
Destination directe — arrivées	56.700	66.900	68.100	136.500	179.400	243.600
Destination directe — départs	59.700	65.100	74.400	114.900	139.900	212.800
Destination locale	2.534.000	2.840.000	3.600.000	3.680.000	3.224.000	4.280.000
Totalité des voyageurs	2.650.400	2.972.000	3.742.500	3.931.400	3.543.300	4.742.400

Ce tableau nous montre que l'accroissement moyen annuel de voyageurs pour les années 1911, 12 et 13 est d'environ 10 0/0. Sans la guerre, cet accroissement aurait encore augmenté après la construction du chemin de fer Djoulfa-Tauris en 1913.

TABLEAU 2

Quantité (en pouds) de bagages et de marchandises transportés par les trains de voyageurs

Années	1911	1912	1913	1914	1915	1916
Bagages	180.000	208.800	250.500	317.100	389.200	708.000
Marchandises	384.300	433.200	491.700	474.000	1.020.000	1.374.000
Totalité	564.300	642.000	742.200	791.100	1.409.800	2.082,000

Ce tableau, de même que le précédent, nous montre l'accroissement de la circulation des bagages et des marchandises, transportés par les trains de voyageurs. Cet accroissement est plus sensible pour les années 1915-16, ce qui est expliqué par l'interdiction, à cause de l'état de guerre, du transport des marchandises en petite vitesse.

TABLEAU 3

Quantité (en pouds) de marchandises transportées par les trains de marchandises en petite et grande vitesses

Années	1911	1912	1913	1914	1915	1916
Destination directe	12.500.000	13.399.600	16.780 000	8.880.000	6.847.000	4.200.000
Destination locale	23.635.000	26.660.000	24.720.000	24.360.000	20.053.000	22.500.000
Totalité	36.135.000	40.059.600	41.500.000	33 240.000	26.900.000	26.700.000

Nous voyons par ce tableau que la quantité de marchandises à grande et petite vitesses augmente lentement, mais régulièrement, durant les trois premières années, donnant un accroissement moyen de 8 0/0 environ. Le décroissement considérable de marchandises, transportées en 1914-15 et 16, est causé par la guerre.

Pour se rendre compte de la quantité et du caractère des marchandises transportées par les voies ferrées arméniennes, pour avoir une idée du mouvement circulaire des diverses stations, nous donnons dans une annexe spéciale (voir à la fin) les tableaux d'expéditions et d'arrivages des marchandises par petite vitesse, pour chaque station séparément. (Voir tableaux numéros 4 et 5 de l'Annexe I).

Marchandises caractéristiques des chemins de fer arméniens. — Ces tableaux indiquent que les marchandises caractéristiques transportées par les chemins de fer arméniens sont : coton, graines de cotonnier, riz, vins en tonneaux, alcool en tonneaux, tonneaux et marchandises de tonnellerie, sucre, sucre cristallisé, fer et acier non travaillés, minerais de cuivre, cuivre, houille, coke, charbon de bois, raisins secs, conserves et purées de fruits, orge, froment, farine de froment, pommes de terre, légumes, foin et paille, bois de chauffage, planches, poutres, douves, sel, pierre de taille, pierre à chaux, glace, pétrole brut et raffiné, chaux, ciment, machines agricoles, marchandises manufacturées, etc., etc.

La circulation des marchandises (arrivages et expéditions) des grandes stations atteignait jusqu'à 6 millions de pouds et plus, et les petites stations, même les plus isolées, augmentaient leur circulation de marchandises dans d'importantes proportions.

Le décroissement général de la circulation est dû à la guerre.

Résultats financiers de l'exploitation des chemins de fer arméniens. Recette brute totale. — Les résultats financiers de l'exploitation des chemins de fer arméniens se présentent par les chiffres suivants (*Tableaux numéros* 6, 7, 8, 9, 10 et 11) :

TABLEAU 6

Recette brute pour la circulation des voyageurs

Années	1911	1912	1913	1914	1915	1916
Recette moyenne par voyageur, en roubles	0.57	0.61	0.57	0.62	0.76	0.83
Nombre des voyageurs	2.650.400	2.972.000	3.742.500	3.931.400	3.543.300	4.742.400
Somme en roubles	1.510.728	1.812.920	2.123.225	2.437.468	2.692.908	4.173.312

Ce tableau démontre que la recette moyenne par voyageur reste presque la même dans les trois premières années, tandis qu'elle augmente dans les dernières jusqu'à 0,76 et 0,83, à cause de l'introduction de l'impôt de guerre et de l'accroissement de la distance moyenne parcourue par chaque voyageur de 62 à 100 verstes.

TABLEAU 7

Recette brute pour les bagages et les marchandises transportés par les trains de voyageurs

Années	1911	1912	1913	1914	1915	1916
Recette moyenne par poud de bagage, en roubles	0,16	0,16	0,15	0,18	0,27	0.32
Quantité (en pouds) de bagages et de marchandises transportés	546.300	642.000	742.200	791.100	1,409.800	2.082.000
Somme en roubles	90.288	102.720	111.330	142.398	380,646	666.240

Comme on vient de le voir, la recette moyenne par poud de bagages restait presque la même jusqu'en 1914. Dès le commencement de la guerre, elle augmente d'année en année.

TABLEAU 8

Recette brute pour les marchandises transportées en petite et grande vitesses

Années	1911	1912	1913	1914	1915	1916
Recette moyenne par poud de marchandises, en roubles	0,110	0,089	0,087	0,081	0,071	0,083
Quantité (en pouds)	36.635.000	40.059.600	41.500.000	33.240.000	26.900.000	26.700.009
Somme en roubles	4.029.850	3.565.304	3.610.500	2.692.440	1.846.000	2.216.000

La recette moyenne par poud de marchandises, sauf l'année 1911 où elle atteignait 0,110 roubles, variait peu sensiblement de 0,089 à 0,083 pendant les années 1912-1916.

En additionnant les chiffres des tableaux précédents numéros 6, 7, 8, nous obtenons *une recette brute totale pour le transport des voyageurs et des marchandises, exprimée* par les chiffres suivants :

TABLEAU 9

Recette brute totale

Années	1911	1912	1913	1914	1915	1916
Recette brute totale, en roubles	5.630.866	5.480.944	5.845.955	5.272.306	4.919.554	7.054.740

Ces chiffres donnent une recette brute moyenne, pour les années 1911, 12 et 13, égalant 9.500 roubles par verste.

Dépenses générales. — Comme on ne composait pas de comptes-rendus spécialement pour le réseau du Midi (Chemins de fer arméniens), nous nous servirons du « Sommaire aperçu sur l'activité commerciale des chemins de fer Transcaucasiens », pour déterminer les dépenses revenant aux chemins de fer arméniens.

En soustrayant les dépenses pour le pipe-line de pétrole Bakou-Tiflis (propriété des Chemins de fer Transcaucasiens), nous obtenons la somme générale des dépenses concernant exclusivement la circulation des voyageurs et des marchandises. Une partie de cette somme générale, proportionnelle au nombre des voyageurs et à la quantité des marchandises transportés par les chemins de fer arméniens, correspond au chiffre des dépenses revenant à ces derniers.

D'après tout ce qui vient d'être dit, nous aurons les dépenses annuelles suivantes :

TABLEAU 10

Dépenses annuelles totales

Années	1911	1912	1913	1914	1915	1916
Dépenses totales, en roubles	3.557.102	3.580.542	4.157.151	4.353.435	5.560.419	7.452.375

Bénéfices et déficits. — Ainsi les résultats financiers de l'exploitation des voies ferrées arméniennes peuvent être groupés dans le tableau ci-après (n° 11), qui indique la recette brute totale, les dépenses totales, le bénéfice (+), le déficit (—) et le coefficient d'exploitation, (une fraction dont le numérateur équivaut au chiffre de dépenses et le dénominateur à celui de recette brute).

TABLEAU 11

Résultats financiers d'exploitation (bénéfices et déficits)

Années	1911	1912	1913	1914	1915	1916
Recette brute totale, en roubles	5.630.866	5.480.944	5.845.055	5.272.306	4.919.554	7.054.740
Dépenses totales	3.557.102	3.580.542	4.157.151	4.353.435	5.560.419	7.452.375
Bénéfice (+) / Déficit (—)	+2.073.764	+1.900.402	+1.687.904	+918.871	—640.865	—397.635
Coefficient d'exploitation	0.63	0.65	0.71	0.82	1.13	1.056

La recette brute ne change presque pas dans les trois premières années. A partir de 1914, avec la déclaration de guerre, elle donne de brusques fluctuations, baissant d'abord pour atteindre ensuite son maximum en 1916. Le bénéfice, resté avant la guerre presque sur un même niveau de 2 millions de roubles environ, tombe très bas dès la première année de guerre, et, en 1915 et 16, il y a déficit, malgré le maximum de recette brute dépassant 7 millions de roubles en 1916.

Le fait s'explique par les causes suivantes :

1) Enchérissement de la main-d'œuvre et du matériel pendant la guerre ;

2) Diminution des transports de marchandises et moindre production du pays à cause de la mobilisation ;

3) Accroissement des transports de troupes et de ravitaillement.

Ce bref exposé du travail commercial des chemins de fer arméniens démontre que ces voies, tout en justifiant pleinement leur signification économique, ont donné encore du bénéfice malgré la faible productivité du pays.

Détails sur la ligne directe Arménie-Mer Noire. — Variante Batoum-Artvine-Yaghni-Boughdachene. — Il a été dit plus haut que l'Arménie doit avoir sa ligne principale, donnant accès direct à la Mer Noire, par la vallée de l'Araxe et du Djhorok.

Pour une partie de cette ligne — entre Boughdachène (station près d'Ani) et Batoum — l'ingénieur D. Svichtchevski traça un projet détaillé en 1916, et le présenta au Gouvernement arménien, en 1918, alors que ce dernier songeait à mettre ce projet à exécution.

Il serait utile, sans critiquer ce projet au point de vue technique, d'entrer dans quelques détails économiques, afin de mettre en lumière, d'après les recherches de M. Svichtchevski, toute l'importance économique de cette ligne pour le pays.

Les recherches s'effectuèrent en 1914 : la longueur totale de la ligne fut fixée à 348,4 verstes (373 km.). A la 303e verste (325 km.), à partir de Batoum, elle traverse, près de la station de Yaghni, la voie déjà existante Alexandropol-Kars, et aboutit à la station Boughdachène du chemin de fer Alexandropol-Djoulfa.

La ligne projetée passant par les vallées des rivières Djorok, Imerkhévi et Chavchet-Sou, riches en divers minerais, principalement en cuivre, se dirige vers la chaîne Yalanouse-Tchame, où elle traverse un tunnel d'une longueur de 4,68 verstes (5,01 km.), à une altitude de 1.057,38 sagènes (2.252,22 m.) au-dessus du niveau de la mer ; la montée vers le tunnel s'effectue avec une pente de 0,025 sur une distance de 38 verstes (40,7 km.).

La totalité des tunnels projetés est la suivante :

1) 31 tunnels d'une petite longueur ne dépassant pas 150 sagènes (319 m.) ;

2) 16 tunnels d'une moyenne longueur jusqu'à 430 sagènes (915 m.) ;

3) Un grand tunnel de 2.300 sagènes (4.900 m.) ;

Le nombre total des tunnels est de 48, d'une longueur générale de 8.981 sagènes (19.130 m.).

Le coût de la construction de cette ligne, y compris le matériel roulant, reviendrait à 74.714.000 roubles, c'est-à-dire 215.000 roubles par verste. Ce chiffre est très élevé à cause des conditions topographiques excessivement pénibles.

Le projet de M. Svichtchevski contient 34 tableaux avec des données fondamentales démontrant la valeur que représente cette future voie ferrée pour le relèvement économique du pays.

En les consultant, on y puise les renseignements suivants :

Le rayon desservi par la ligne projetée équivaut à 9.000 verstes carrées environ (10.240 km. car.), avec une population de 240.000 âmes, dont l'accroissement moyen annuel est évalué à environ 1,6 0/0.

La superficie totale des terrains cultivés dans ce rayon atteint 70.520 déciatines (76.860 hectares), dont 45.836 déciatines (50.000 hectares) appartiennent à la province de Kars, où la majeure partie de la population s'occupe d'agriculture et d'élevage. Dans la province de Batoum, l'industrie minière (principalement de cuivre) est surtout développée.

Le trafic général des marchandises s'évalue à 111 millions de pouds (1.820.000 tonnes), dont 33 millions de transit et 78 millions de marchandises pour le transport intérieur du pays.

Les principales *marchandises de transit sont :* sucre, houille, raisins secs, farine, thé, blé, sel, coton, vins, cuivre, lainages, bois, ciment, etc.

Les marchandises du transport intérieur sont :

A) *Expéditions :*

Blé, bétail, viande, peaux, graisse, laines, bois, fruits frais, tabac, sel, cuivre, minerai de cuivre, etc.

B) *Arrivages :*

Thé, sucre, denrées coloniales, produits manufacturés, pétrole raffiné, poisson, farine, fer non travaillé, fer travaillé et machines, ciment, albâtre, houille et coke.

C) *Transports locaux :*

Blé et farine, bétail, laitage, foin, bois, pierre à chaux, minerai de cuivre, briques.

Les résultats financiers et le bénéfice sont déterminés d'après ces transports.

La recette brute est évaluée à 5.685.051 roubles ; la somme totale des dépenses pour l'exploitation à 2.206.711 roubles, ce qui donne un bénéfice de 3.478.340 roubles.

Toutes ces données prouvent clairement l'importance vitale pour l'Arménie du chemin de fer la reliant à la Mer Noire.

Mais si cette ligne traversait la voie ferrée Alexandropol-Kars à l'ouest de Kars (au lieu de le faire à l'est, à la station de Yaghni, comme le projetait l'ingénieur Svichtchevski) et continuait plus loin au sud, dans la direction de la vallée de l'Araxe, la valeur économique de cette voie pour l'Arménie s'éléverait encore davantage.

Variante : Batoum-Artvine-Pének-Bardous-Sélim-Kaghisman-vallée de l'Araxe. — Passons à la description de cette variante à partir d'Erivan.

Cette ligne partant d'Erivan (plus exactement de la station d'Ouloukhanlou) et traversant l'Araxe sur un pont, longerait la rive droite de ce fleuve en passant par Igdir, Koulpi, Kaghisman, puis, regagnant la rive gauche de l'Araxe, monterait par la gorge de Pasli vers le plateau de Kars pour traverser la ligne actuelle (Kars-Sarikamich) à la station de Novo-Sélim, ensuite, par le col de Vartanout, descendrait dans la gorge de Baurdous-tchaï vers Pének-tchaï, Olti-tchaï et enfin pénétrerait dans la vallée du Djorok, en longeant cette dernière par Artvine, jusqu'à Batoum.

La longueur de cette variante serait de 450 verstes environ (482 km.), ce qui raccourcirait la voie actuelle d'Erivan (Ouloukhanlou)-Batoum *via* Tiflis (longueur 666 verstes) de plus de 200 verstes (214 km.).

Les dernières 80 verstes (86 km.), longeant la vallée du Djorok, passent hors du territoire de l'Arménie.

La direction de cette ligne offre l'avantage appréciable qu'en desservant le riche pays agricole, à la population dense, de la vallée de l'Araxe (culture du coton, riz, vignes, fruits, etc.), elle procure encore la possibilité de développer l'industrie minière et d'en transporter les produits : le sel gemme, dont les réserves inépuisables dans la vallée de l'Araxe (Koulpi, Kaghisman, etc.), dépassent 600 millions de tonnes, le précieux minerai d'arsenic, près de Kaghisman, la houille dont les très importants gisements se trouvent près de Pének (district d'Olti), etc.

Tous ces minéraux ont une énorme valeur pour le pays, tant pour les besoins locaux que pour l'exportation ; dès l'ouverture du chemin de fer, la houille seule peut donner plus de 20 millions de pouds de marchandises (328.000 tonnes).

Prenant en considération la grande importance de ce combustible pour l'Arménie, il faudrait commencer la construction du chemin de fer, à partir de Pének, dans les deux directions.

Le point le plus faible de cette variante, de même que de celle de M. Svitchtchevski, c'est que toutes les deux aboutissent hors du territoire de l'Arménie.

Au point de vue politique, il est inadmissible de faire passer une artère d'aussi grande valeur par un territoire étranger.

Pour éviter ce grave inconvénient, il faudrait donc absolument tracer la ligne, à partir du confluent de l'Olti-tchaï avec le Djorok, en montant le cours de ce dernier jusqu'à son premier affluent de gauche et puis, toujours en montant le cours d'eau jusqu'à la chaîne Pontique, traverser ces montagnes et descendre sur la côte de la Mer Noire.

Tous les obstacles, présentés par la chaîne Pontique, doivent être vaincus pour le but suprême, l'indépendance politique et économique du pays.

Ces obstacles ne sont d'ailleurs pas insurmontables et sont, en cet endroit, bien moindres que plus à l'ouest dans la même chaîne, entre Baïbourt et Trébizonde, grâce aux rapprochements des sources des cours d'eaux à la chaîne Pontique (col de Katchgar).

Pour cette raison, la direction vers Batoum doit être considérée comme provisoire et complétée plus tard par la ligne Djorok-Col de Katchgar-Mer Noire. Cet état provisoire se justifie par le seul fait que le port de Batoum est parfaitement outillé et aménagé pour l'amarrage des bateaux océaniques et la circulation des marchandises.

L'usage de ce port est, par conséquent, inévitable pour l'Arménie jusqu'à l'édification et l'outillage de son propre port sur la Mer Noire.

Ligne Chahtakhti-Makou-Baïazet-Erzeroum-Baïbourt-Gumuchkhané-Trébizonde. — La deuxième grande ligne de l'Orient à l'Occident devrait relier l'Arménie à la Mer Noire, en passant tout le long de son territoire.

Cette ligne pourrait partir de la station de Chahtakhti, près de Nakhitchévan, passer par Makou, Baïazet, Karakillissa, Hansan-Kala, Erzeroum, Baïbourt, Gumuchkhané et aboutir à Trébizonde ou au port de Platana.

La longueur de cette ligne serait de 780 verstes (836 km.) ou égalerait presque celle de la ligne actuelle, reliant Chahtakhti à Batoum par Tiflis (763 verstes) ; cette voie directe Arménie-Trébizonde raccourcirait le parcours des marchandises de Trébizonde à Batoum de cent-soixante verstes. (170 kilomètres).

Ce chemin de fer pourrait avoir une grande importance économique et politique pour l'Arménie, car il correspondrait à l'ancienne route historique des caravanes pour le trafic entre l'Orient et l'Occident.

Il serait très utile de construire cette ligne, mais la mise en œuvre de ce projet rencontre de grandes difficultés techniques, dont les principales sont représentées par la chaîne Pontique, se dressant comme un gigantesque mur entre la Mer Noire et le bassin du Djorok, et autres montagnes, se trouvant entre Erzeroum et Baïbourt (partage des eaux entre le bassin du Djorok et celui de l'Euphrate Occidental).

La construction de cette voie ferrée exige d'énormes dépenses, dépassant les forces actuelles du pays, et pour cette raison, la réalisation de ce projet dans son intégrité doit être remise à une époque plus favorable.

Ligne intérieure Chahtakhti-Makou-Baïazet-Karakilissa-Erzeroum. — En attendant,il faudrait construire immédiatement la partie la plus facile de cette ligne, de Chahtakhti à Erzeroum, laissant pour l'avenir la construction de la partie la plus difficile : Erzeroum-Chaîne Pontique- Trébizonde. La voie Chahtakhti-Makou-Baïazet-Diadin-Karakilissa-Keuprikeuy-Hassan-Kala-Erzeroum, d'une longueur totale de 450 verstes environ (482 km.), desservirait trois riches rayons : le Khanat de Makou et les vallées d'Alachkert et de Bassène.

Cette région de Makou (dont l'étendue, traversée par la ligne, est de 70 verstes (75 kilomètres), d'une population dense, d'un sol très fertile, est abondamment irriguée par de nombreux canaux ; on y cultive du coton, des fruits, du froment, de l'orge, etc.

La vallée d'Alachkert, arrosée par l'Euphrate Oriental, célèbre par sa fertilité, peut être considérée comme un grenier d'abondance pour l'Arménie.

De même, la vallée de Bassène, arrosée par la partie supérieure de l'Araxe, est connue par sa fertilité.

Ligne intérieure Erzeroum-Tortoum-Oltitchaï. — Une autre ligne, dont la réalisation immédiate est indispensable, doit relier Erzeroum avec la voie ferrée sus-mentionnée, Araxe-Djorok-Mer Noire, par un embranchement d'une longueur d'environ 100 verstes (107 km.), qui longerait le cours de la rivière Tortoum-tchaï jusqu'à son confluent avec l'Olti-tchaï.

Ligne intérieure Sarikamich-Keuprikeuy. — Enfin, pour relier Erzeroum à la voie ferrée actuelle Sarikamich-Kars, il faudrait construire une courte ligne entre Sarikamich et Keuprikeuy (station du chemin de fer sus-indiqué Chahtakhti-Erzeroum). La longueur de cette ligne serait de 80 verstes environ (86 km.).

Ligne directe Arménie-Mer Caspienne. — *Ligne Djoulfa-Aliat-Bakou.* — Un seul coup d'œil sur la carte rend évidente la nécessité du chemin de fer Djoulfa-Aliat-Bakou, donnant un accès direct aux marchandises de l'Arménie vers la Mer Caspienne.

Cette ligne, d'une longueur de 450 verstes (482 km.) raccourcit le parcours actuel des marchandises de 581 verstes (622 km.), ainsi que nous l'avons dit plus haut. Elle longe l'Araxe, passant près des riches mines de cuivre de la région de Zanguézour (situées dans le bassin de l'Okhtchi-tchaï, affluent de gauche de l'Araxe) et par les plaines basses, abondamment irriguées, où l'on cultive le coton, le riz, les vignobles, etc. Elle aura donc toujours suffisamment de marchandises pour justifier sa valeur économique. Cette voie fut presque achevée par le gouvernement russe, sauf les rails.

Sa longueur dans les limites de l'Arménie ne dépasse pas 150 verstes environ (160 km.).

Ligne intérieure Erivan-Baïazet-Van. — *Ligne Erivan-Baïazet-Van,* d'une longueur de 340 verstes environ (364 km.).

La riche région de Van, avec son lac incongelable et ses fertiles vallées d'Abagha. Bergri-Kala, Van, mérite d'être reliée et sans retard à la ligne principale Arménie-Mer Noire.

Pour réunir Van à la ville d'Erivan, nous projetons la ligne suivante :

Erivan, Igdir, Koulpi, Col de Tchinguil, Baïazet, Col de Taparise, vallée de Saouk-Sou, vallée de Bindi-Makhou, Sourb-Stéphane, Arnis, bords du lac jusqu'à la ville de Van.

La partie la plus difficile de la ligne serait celle d'Erivan-Col de Tchinguil, puisqu'il faudrait monter d'un point de 2.977 pieds d'altitude

(Igdir) jusqu'à la hauteur du col, 7.000 pieds, sur une distance très courte, ce qui nécessiterait, pour le développement de la ligne, la création d'un rebroussement de grande envergure (Igdir, Koulpi, Col de Tchinguil), avec admission des pentes ne dépassant pas 0,02 dans lequel rebroussement nous incluons une partie de la ligne principale Igdir-Koulpi.

Des résultats absolument satisfaisants ne peuvent être obtenus que par des recherches effectuées sur place.

Ligne intérieure Karakilissa-Mélasguert-Mouch-Bitlis. — *Ligne Karakilissa d'Alachkert-Mélasguert-Mouch-Bitlis*, d'une longueur de 338 verstes (362 km.). Cette ligne desservirait les plaines fertiles de Mélasguert, Boulanik, Mouch. Elle partirait de Karakillissa et suivrait la vallée de l'Euphrate Oriental en passant par Mélasguert et Mouch ; à partir de Mouch, elle longerait le versant septentrional de la chaîne du Taurus Arménien pour monter jusqu'à Bitlis.

Ligne intérieure Bitlis-Van. — La création des chemins de fer en Arménie ne serait pas complète, si l'on ne réunissait la ville de Van à la ville de Bitlis par une ligne d'une longueur d'environ 156 verstes (167 km.), côtoyant le lac.

Issue de l'Arménie vers la Mésopotamie (le golfe Persique et la Méditerranée). — Enfin pour donner à l'Arménie accès à la Mésopotamie, il serait très désirable de créer la ligne Bitlis-Sguert-Chemin de fer de Bagdad.

La réalisation de ce projet ne présenterait pas de difficultés sérieuses, car la voie descendrait de Bitlis par la vallée du Bitlis-sou, affluent de droite du Tigre Oriental, jusqu'à Sguert, et longerait ensuite la vallée du Tigre pour se joindre au chemin de fer de Bagdad et par ce dernier à Mossoul.

La longueur de cette ligne pourrait atteindre 200 verstes (214 km.), entre Bitlis et Tchelakha (station du chemin de fer de Bagdad, au sud-ouest de la ville de Djeziret-ibn-Omar).

Par la création de cette voie, l'Arménie pourrait obtenir un accès non seulement au golfe Persique, mais aussi à la Méditerranée, le chemin de fer de Bagdad se reliant au port d'Alexandrette.

Cette ligne passerait presque sur toute son étendue hors des limites de l'Arménie.

Sa construction pourrait être remise à l'avenir, au temps du relèvement économique complet de l'Arménie et des pays avoisinants.

***

Résumé. — En résumant tout ce qui vient d'être dit plus haut, on peut se rendre compte que pour desservir rationnellement le territoire de l'Arménie, il faudrait y construire *sans retard* un réseau de nouveaux chemins de fer (à voie large) de l'étendue totale suivante :

I. — VOIES EXTÉRIEURES

	Verstes	Kilom.
1. — *Accès à la Mer Noire :*		
Erivan - Kaghisman - Sélim - Bardous Pének - Olti-Tchaï - Artvine - Batoum...............	450	482
2. — *Accès à la Mer Caspienne :*		
Djoulfa - Aliat - Bakou, dans les limites de l'Arménie............ (Dans toute son étendue: 450 verstes = 482 kilomètres.)	150	160

II. — VOIES INTÉRIEURES

	Verstes	Kilom.
1. — Erzeroum - Tortoum - Olti-tchaï...	100	107
2. — Chahtakhti - Makou - Baïazet - Karakilissa - Keuprikeuy - Hassan - Kala-Erzeroum.	450	482
3. — Sarikamich - Keuprikeuy	80	86
4. — Erivan - Baïazet - Van...........	340	364
5. — Karakilissa - Mélasguert - Mouch-Bitlis	338	362
6. — Bitlis - Van	156	167
Total..........	2.064	2.210

En disant « sans retard », nous n'entendons certainement pas que ces lignes doivent être commencées immédiatement et toutes à la fois. Ce projet doit être accepté comme un programme indispensable, dont l'exécution pourrait se faire graduellement, en l'espace de dix à vingt ans, en donnant la priorité aux artères les plus vitales et finissant par les voies d'une importance secondaire.

La création du réseau arménien exigerait l'engagement de gros capitaux, mais toutes les dépenses seraient suffisamment rémunérées, grâce à la situation de ce pays au milieu de l'entrecroisement des routes mondiales : Mer Caspienne-Mésopotamie-Méditerranée et Mer Noire-Perse-Golfe Persique.

Cette situation, ainsi que les riches ressources naturelles du pays, jointes à l'énergie reconnue de ses habitants, garantiront à l'Arménie l'affluence des marchandises de transit et de transports intérieurs.

Il a été démontré plus haut que la construction et l'exploitation des chemins de fer arméniens, comme entreprise commerciale, est basée sur un fonds solide et capable de donner des bénéfices considérables.

Ces bénéfices s'accroîtront très sensiblement après l'aménagement des énormes forces aqueuses de l'Arménie (évaluées au minimum à *un million de chevaux-vapeur*) et l'utilisation de cette houille blanche pour les besoins des chemins de fer.

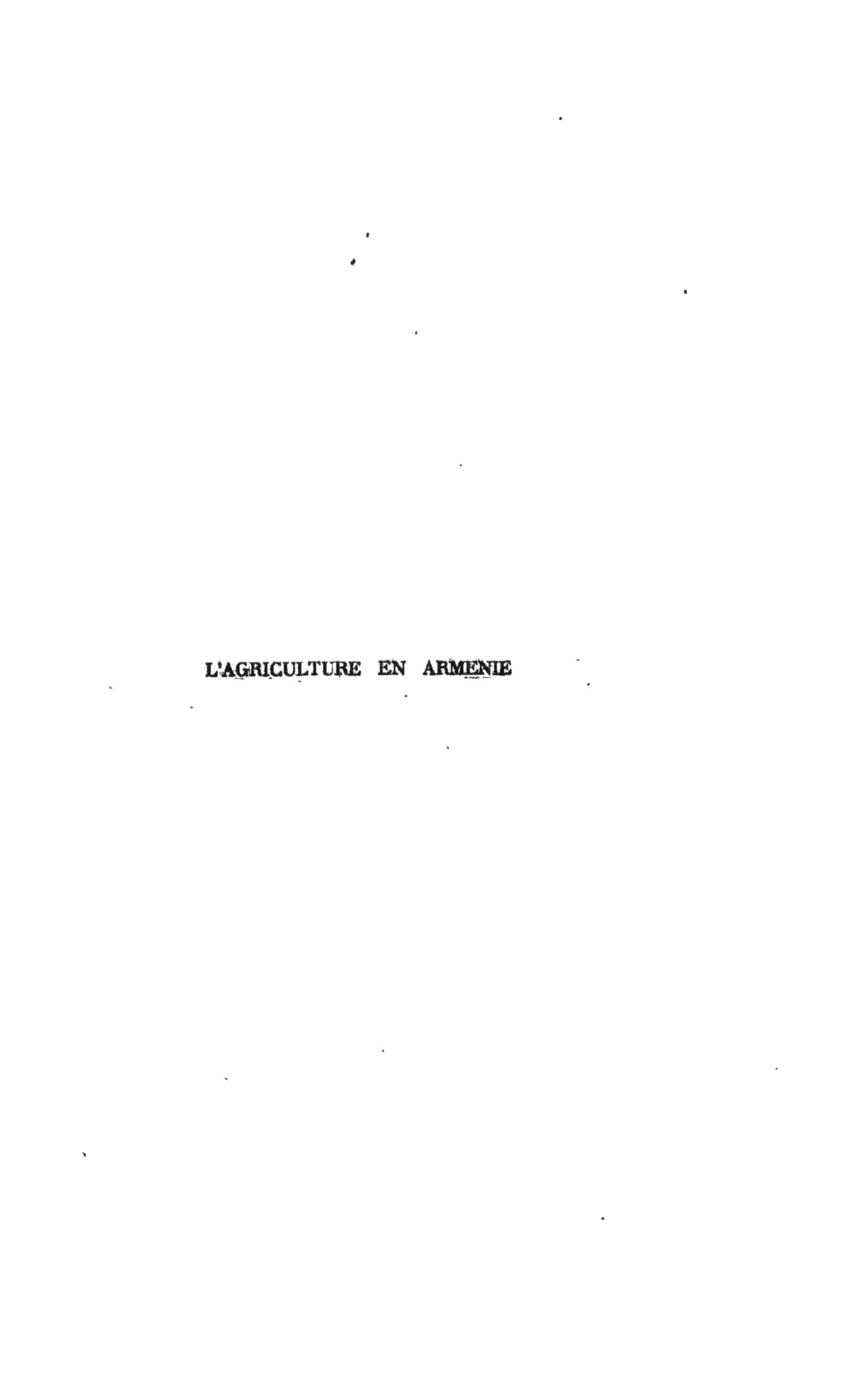

L'AGRICULTURE EN ARMENIE

L'AGRICULTURE EN ARMÉNIE

I. CULTURE DES PLANTES.

A. — EN ARMENIE ORIENTALE

Particularités climatiques du pays. — Pour déterminer les espèces de plantes agricoles à cultiver en Arménie, il est indispensable de jeter un rapide coup d'œil sur les particularités climatiques du pays dont dépend la flore.

Cet examen s'impose d'autant plus nécessairement qu'il arrive fort souvent en Arménie que la végétation des deux versants opposés de la même vallée ou de la même montagne présente des contrastes frappants, suivant qu'elle est plus ou moins exposée au soleil.

Ainsi, tandis que le raisin mûrit sur le versant ensoleillé, le côté opposé, privé de soleil, ne produit qu'une végétation misérable.

La loi de classement de la flore arménienne doit être cherchée non point d'après les latitudes géographiques, mais en suivant de haut en bas une ligne verticale, des cimes neigeuses vers le fond des vallées. Comme les conditions climatiques varient suivant les altitudes, la flore subit le mouvement, et l'on constate ainsi que plus on monte, plus rares deviennent les produits agricoles. Les recherches météorologiques ont démontré que la température moyenne annuelle et la quantité de précipitations atmosphériques varient sensiblement en Arménie d'après l'altitude des régions : ainsi la température moyenne annuelle diminue de près de 1° C. par 100 mètres d'altitude.

A cause de ces particularités, l'Arménie, ce pays montagneux et presque dénué de forêts, est divisée, par rapport à son climat, en trois zones, dont chacune détermine elle-même le genre de culture qui lui convient le mieux.

1. *Zone à climat sec continental*, d'une altitude de 400 à 1.000 mètres ; peu de précipitations, grandes amplitudes de températures moyennes annuelles. Cette zone est celle de la vallée de l'Araxe où se cultive le coton, le riz, la vigne et les fruits.

2. *Zone à climat continental des plateaux*, d'une altitude de 1.000 à 2.200 mètres ; température moyenne annuelle relativement basse, précipitations en quantité plus élevée. Cette zone est presque exclusivement destinée à la culture des céréales.

3. *Zone montagneuse des prairies subalpines*, d'une altitude de 2.200 à 3.000 mètres, couronnée de montagnes de 3.500 à 5.100 mètres (Ararat). Dans cette zone, la température passe du froid tempéré des prairies subalpines aux froids polaires de l'Alaguiaz (4.095 m.) et de l'Ararat. C'est la zone des pâturages d'été appelés « Yaïla » par les indigènes.

Conformément aux conditions climatiques de ces trois zones, le paysan arménien cultive surtout le coton, le riz, la vigne et les fruits dans la plaine, les céréales sur les plateaux et s'adonne à l'élevage dans les hautes régions des prairies subalpines.

Superficie réservée aux différentes cultures.— Par le tableau A (voir l'Annexe II), l'on voit que les superficies en déciatines, réservées aux différentes cultures : céréales, légumineuses, pommes de terre, lin, chanvre, etc., ainsi que les récoltes, en milliers de pouds, sur les dites superficies. Ce tableau est dressé pour le gouvernement d'Erivan et la province de Kars (qui ne représentent qu'une partie de l'Arménie Orientale), d'après les données de l'édition officielle du Comité Central de Statistiques du Ministère de l'Intérieur de Russie, sous le nom de « Récolte », années 1909-1913.

Répartition de toute la surface de l'Arménie. — Les recherches faites dans le domaine de l'agriculture en Arménie prouvent que de toute la superficie du pays, une partie très considérable, 32 0/0, est impropre à toute culture (ce sont les chaînes montagneuses, les rochers, les cimes, les gorges aux parois abruptes, les lacs, les terrains salés, etc.) ; 10 0/0 reviennent aux forêts, 40 0/0 aux prairies alpestres et pâturages, et il n'en reste que 18 0/0 pour la culture.

Cette proportion indique nettement le principal genre de vie des habitants d'Arménie — l'élevage et l'agriculture ; 85 0/0 de toute la population cultive, en effet, la terre et s'occupe surtout d'élevage, les vastes et riches prairies subalpines lui fournissant une pâture aussi grasse que nourrissante.

Etat primitif de la culture en Arménie et ses causes. — En ce qui concerne l'agriculture, un système moderne d'irrigation rendrait possible le développement de la haute culture ; l'eau des rivières et du sous-sol, abondante dans le pays, permettrait d'arroser les terres de la première zone et en partie celle de la deuxième.

En général, la fertilité des terres irrigables des plaines se rétablit par le genre de plantes que l'on y cultive, par l'amélioration physique intense du sol et principalement par le limon fécond déposé par les eaux. La culture des champs arrosés est liée à ce dernier fait; un sol ainsi favorisé ne demande ni assolement, ni engrais ; par contre, dans les régions privées de ce limon ou d'irrigation, un système compliqué d'assolement et d'engrais est nécessaire.

Rien de tout cela en Arménie. L'assolement n'y a point cours, pour la raison que de fort petits lopins de terre étaient accordés aux paysans arméniens.

Le seul engrais connu du paysan arménien est le fumier dont on se sert surtout comme combustible mélangé de pailles menues (*Kiziak*).

Ainsi donc, sans système d'irrigation, ni d'engrais, les céréales ne poussent en Arménie que grâce aux propriétés naturelles du sol.

Ce sont les conditions thermiques du pays, les précipitations atmosphériques, la lumière qui déterminent telle ou telle culture des céréales.

Le climat sec continental de l'Arménie contribue à la culture de l'orge et du froment, en particulier du *froment d'été*, adapté à la sécheresse estivale. Le manque d'humidité et les brusques variations de températures en automne, l'abondance des précipitations au printemps favorisent cette culture du froment d'été.

L'orge y est également d'été, mais il vient sur des altitudes plus grandes, et plus on s'élève dans la montagne, plus on le rencontre. L'ensemencement en présente de grandes difficultés que le paysan arménien surmonte néanmoins avec sa patience habituelle.

L'on voit de tout ce qui précède que l'agriculteur arménien est placé dans des conditions particulièrement défavorables, aggravées par un niveau très bas du système et de la technique agricoles. Si l'on considère :

1° Qu'en Arménie, comme généralement en Orient, l'exploitation des champs est pratiquée jusqu'à présent d'une manière primitive, sans application de la force mécanique ;

2° Qu'une seule partie des terres arables est exploitée à cause des difficultés économiques, du manque d'irrigation, d'engrais et de voies de communications ;

3° Que la culture des plantes à racines et fourragères y est presque inconnue ;

4° Que les semailles, faites souvent avec des graines de mauvaise qualité, donnent des quantités de mauvaises herbes provoquant le sarclage — on pourra justement dire que le paysan arménien gagne son pain « à la sueur de son front ».

Récoltes annuelles des céréales. — Le tableau A (voir l'Annexe II), dressé pour une partie de l'Arménie Orientale, montre qu'une superficie totale de 430.467 déciatines (469.209 hectares), produisait, en moyenne, une récolte annuelle (années 1909-1913) de 21.920.500 pouds (360.000 tonnes) de céréales, légumineuses, etc., qui se répartissaient de la manière suivante :

Gouvernement d'Erivan. — Superficie totale : 282.322 déciatines (307.791 hectares) dont environ 275.000, soit 97,5 0/0, consacrés à la culture des céréales, donnaient près de 13.850.000 pouds (227.000 tonnes).

Province de Kars. — Sur une superficie de 148.145 déciatines, (161.478 hectares), 145.720, soit 98 0/0, réservées à la culture des céréales, donnaient 6.236.000 pouds (102.230 tonnes).

Les provinces de Kars et d'Erivan donnaient donc ensemble une moyenne de 20 millions de pouds de céréales (329.230 tonnes).

La population de ces deux provinces, évaluée à peu près à 1.400.000 habitants, consommerait, en comptant 14 pouds (229 kg.) de blé par an et par tête, 19.600.000 pouds (321.311 tonnes) de céréales annuellement.

Ajoutons encore à ce chiffre la quantité de blé nécessaire aux semailles, qui équivaudrait à 4.200.000 pouds (68.850 tonnes), l'ensemencement de chaque déciatine exigeant près de 10 pouds de blé (164 kg.), et la superficie totale réservée à la culture des céréales dans les dites provinces étant de 420.000 déciatines.

La totalité de blé pour la consommation proprement dite, ainsi que pour les semis, serait donc de 19.600.000 + 4.200.000 = 23.800.000 pouds (390.161 tonnes), soit en chiffres ronds 24 millions de pouds (394.000 tonnes) par an.

Comme les deux provinces ne produisent que 20 millions de pouds (329.000 tonnes) de céréales annuellement, il serait nécessaire d'y importer près de 4 millions de pouds (65.000 tonnes) par an, soit environ 17 0/0 de toute la consommation (y compris les semailles), sans compter la quantité nécessaire à la nourriture du bétail.

Les statistiques d'avant-guerre concernant le trafic des chemins de fer Transcaucasiens prouvent qu'il n'était importé annuellement dans les dites provinces que 2 1/2 millions de pouds de blé, principalement du Caucase septentrional, ce qui montre que le paysan arménien se contentait d'une quantité annuelle de blé inférieure à la norme européenne de 229 kg. (14 pouds).

Nous tenons à rappeler que les autres provinces de l'Arménie Orientale, telles que Bortchalou, Kazakh, Karabagh et Zanguézour, n'entrent pas dans ce calcul et, comme pays montagneux, ne peuvent non plus se suffire avec leur propre blé, ce qui nécessite une importation dépassant 17 0/0.

Coton. — Passant en revue les plantes coloniales il est opportun de remarquer que la culture du coton est relativement récente en Arménie, où elle n'a commencé à se développer qu'à partir de 1901.

En 1909, sa récolte dans le gouvernement d'Erivan a été de 320.000 pouds, en 1910 elle atteint 600.000 pouds ; en 1911, 670.000 ; en 1912 elle retombe à 600.000 (60.000 tonnes). Ces chiffres représentent les récoltes d'une moyenne de 16-17 pouds (262-278 kg.) de coton égrainé par déciatine (1,09 hectares).

Il est certain que cette branche de l'agriculture pourrait se développer considérablement en Arménie, par l'emploi des graines américaines et l'amélioration du sol, ce qui permettrait encore d'obtenir un filament plus long. Aujourd'hui, le filament du coton d'Arménie ne dépasse pas 28 millimètres, tandis que celui de Turkestan et d'Amérique va jusqu'à 30 millimètres.

D'après l'affirmation du Ministère de l'Agriculture de la République Arménienne, la récolte serait sensiblement augmentée et donnerait aujourd'hui jusqu'à 20 pouds (328 kg.) de coton égrainé par déciatine.

Quelles pourraient être les perspectives du développement de la culture du coton en Arménie ?

La vallée de l'Araxe possède une réserve de terres incultes d'une superficie de 200.000 déciatines (218.000 hectares). Le Gouvernement de la République Arménienne, dès son existence, s'est préoccupé de ces terres. Un projet de loi concernant l'irrigation d'une partie de ces terrains, d'une superficie de 46.000 déciatines (50.140 hectares) (steppe de Sardarabad), fut déposé au Parlement, et les recherches techniques furent confiées à un spécialiste, l'ingénieur Zavalichine, qui, après les avoir exécutées en parties, présenta un plan détaillé des canaux d'irrigation, mais la réalisation fut interrompue par les événements politiques d'Arménie.

Ces 46.000 déciatines ensemencées, ajoutées aux 40.000 déciatines (43.000 hectares), exploitées actuellement dans le gouvernement d'Erivan, auraient à elles seules porté la récolte du coton à 1.600.000 pouds (26.000 tonnes environ), ce qui représenterait une valeur de près de cent millions de francs, à raison de 4 francs le kilogramme. Avant la guerre, le gouvernement d'Erivan exportait pour 3.600.000 roubles de coton, à 6 roubles le poud.

Mais si toutes les 200.000 déciatines (218.000 hectares) ci dessus mentionnées étaient irriguées, elles donneraient avec les 40.000 déciatines (43.600 hectares) déjà existantes (totalité 240.000 déciatines = 261.000 hectares), une récolte de 78.000 tonnes de coton, représentant la somme de 312 millions de francs.

Le coton serait donc un des plus importants revenus de l'Arménie et deviendrait l'un des principaux articles d'exportation.

Jusqu'à présent, presque toute la récolte du coton — 600.000 pouds par an (60.000 tonnes) — était exportée en Russie où il était coté comme de bonne qualité.

Riz. — En 1913, une superficie de 4.000 déciatines (4.360 hectares) produisit 10.600 tonnes de riz.

De toutes les plantations, celle du riz est la plus productive. Sa culture exige un été très chaud, un labourage très soigné, un sarclage minutieux et surtout une grande abondance d'eau. Les rizières doivent être inondées pendant 5 mois de l'année par l'eau courante; pour l'immersion de chaque déciatine, il faudrait 240 védros (2.880 litres) d'eau par jour.

La récolte du riz est de 30-40 pour un. Une rizière d'une déciatine (1,09 hectares) produit de 200 à 300 pouds (3,25—5 tonnes) d'excellent riz.

Vignes. — La viticulture est connue en Arménie depuis les temps les plus reculés. C'étaient surtout la vallée de l'Araxe, la province historique d'Ararat et la province de Goghtan (région de Nakhitchévan et d'Ordoubad), qui étaient célèbres pour leurs vins.

Aujourd'hui, dans le gouvernement d'Erivan, on cultive près de trente variétés de raisins. Parmi ces raisins, il existe des espèces très riches en sucre relativement aux autres raisins de Transcaucasie, ce qui permet d'en extraire des vins sucrés de liqueur et de dessert, avec une teneur considérable en alcool. D'autres raisins produisent de bons vins ordinaires, d'une force moyenne, propres à la distillation de l'alcool et de l'eau-de-vie de vin (brandy, rappelant le produit fabriqué en France, à Cognac, sous le nom de *Cognac*).

Les environs d'Erivan ainsi que Etchmiadzine, Achtarak, Davalou et surtout Kamarlou, devinrent ces dernières années des centres d'industrie vinicole, principalement de la fabrication de l'alcool et de l'eau-de-vie de vin (brandy). Pour la production du brandy ces localités occupèrent la première place dans toute la Russie.

A Kamarlou, on comptait, avant la guerre, environ trente grandes distilleries d'eau-de-vie de vin appartenant presque toutes aux Arméniens, parmi lesquelles nous mentionnerons les installations perfectionnées, répondant au dernier mot de la technique et de la science modernes, de la Société par actions « *Araxe* », de la « Société de Kamarlou », « Poghos Abramov et Fils », celles de « Babakhanov » et autres. A Erivan se trouvent les grandes distilleries de la Société « Choustov » (aujourd'hui « *Ararat* »), D. Z. Saradjev, Société « *Argo* », « T. Afrikian » et autres. Outre le brandy, ces dernières distilleries fabriquent encore des vins de liqueur et de dessert, d'après le type des vins de porto (70 0/0), madère (20 0/0), et xérès (10 0/0).

Cinq distilleries (Choustov, Saradjev, Araxe, Argo, Société Kamarlou) possèdent des appareils pour la rectification de l'alcool que l'on extrait de l'eau-de-vie du Caucase, nommée « djedji », distillée du marc de raisin par presque tous les paysans, dans les alambics d'une construction primitive.

Les produits de cette industrie vinicole étaient exportés en grandes quantités, non seulement en Transcaucasie, mais aussi en Russie, où ils étaient renommés. Le brandy, en particulier, occupait par sa qualité supérieure une des premières places dans toute la Russie.

Les vignes s'étendaient en Arménie Orientale, avant la guerre, sur une surface totale de 10.000 déciatines (10.900 hectares).

La récolte du raisin s'évaluait au minimum à 5.300.000 pouds (87.000 tonnes).

Ces 5.300.000 pouds se répartissaient de la manière suivante : 3.300.000 pouds donnaient 3.300.000 vedros de vin et 800.000 védros de résidus (marcs, etc.) ; ces résidus, ainsi que le reste du raisin, 2.000.000 de pouds, étaient utilisés pour la distillation de l'alcool.

Le raisin exporté dans les autres régions de l'Arménie et en Transcaucasie, ainsi que celui consommé par la population indigène, séché (raisins secs) et employé à la préparation du raisiné, n'entre pas en compte ici, considérant que le chiffre de 5.300.000 représente le minimum de la récolte (1).

L'industrie vinicole est fort peu développée par rapport aux ressources naturelles du pays. Elle est naissante et commençait à croître dans de grandes proportions avant la guerre. Son avenir est cependant incontestable avec le facile écoulement de ses produits sur l'énorme marché russe.

Outre les vins et l'eau-de-vie de vin, on fabrique en Arménie, en quantité importante, l'eau-de-vie de mûres. Les distilleries de ce produit se trouvent surtout dans les districts de Zanguézour, de Choucha, de Nakhitchévan, de Sourmalou et d'Etchmiadzine. Cette eau-de-vie est extraite du fruit du mûrier dont les feuilles servent à la nourriture des vers à soie.

---

(1) Nous croyons qu'il serait utile de donner ici quelques explications relatives aux mesures qui étaient employées dans l'Empire Russe pour les liquides contenant de l'alcool et à l'utilisation du raisin dans les diverses branches de l'industrie vinicole.

Un vedro (12,28 litres) d'alcool rectifié doit avoir 96 degrés (à l'alcoomètre) et celui d'eau de vie de vin (brandy) 43°.Pour ce qui est des vins d'Erivan, leur teneur en alcool varie entre 9° et 15° (par védro toujours) et peut être estimée en moyenne à 12°.

Avec les 3.300.000 védros de vin on obtient 1.000.000 de védros pour la consommation directe et 2.300.000 védros pour la fabrication de l'eau de vie de vin (brandy).

Les 2.300.000 védros de vin d'une teneur en alcool de 12° formeraient une totalité d'environ 27.000.000 de degrés, ce qui équivaudrait à 600.000 védros de brandy, un védro de ce dernier contenant 43° d'alcool (27.000.000 : 43°=630.000).

Les 2.000.000 de pouds de raisin, employés à la rectification de l'alcool présentent environ 2.600.000 védros, ce qui, avec les résidus en quantité de 800.000 védros (les restes de la vinification des 3.300.000 pouds de raisin), égale 3.400.000 védros de matériel propre à la distillation de l'alcool.

Les 3.400.000 védros contiendraient près de 23.800.000° d'alcool (un védro de marc en contient au minimum 7-8 degrés). De cette quantité on pourrait rectifier près de 250.000 védros d'alcool (23.800.000 : 96° = 248.000).

Donc, une récolte de 5.300.000 pouds de raisins pourrait produire :

1) 1.000.000 de védros = 120.000 hectolitres de vin.

2) 27.000.000 de degrés = 600.000 védros = 72.000 hectolitres de brandy.

3) 23.800.000 degrés = 250.000 védros = 30.000 hectolitres d'alcool.

Sériciculture. — Aussi la sériciculture est-elle développée dans ces mêmes districts. La soie d'Arménie était exportée (98.000-115.000 kgr. annuellement) de Choucha à Marseille, dès 1840, par les commerçants Arméniens et était classée parmi les objets précieux d'échange et de transaction commerciale. N'ayant point sous la main de statistiques exactes relatives à la production de la soie d'Arménie, nous mentionnerons seulement qu'une superficie d'une déciatine de mûriers peut nourrir pendant un mois et demi des vers qui donnent dix pouds de cocons frais, dont on tire trois pouds de cocons secs produisant un poud de soie valant 400 roubles (prix d'avant-guerre.)

Vergers. — Les vergers occupent en Arménie une surface de 9.000 déciatines (9.810 hectares) et sont particulièrement répandus dans le gouvernement d'Erivan.

Parmi les nombreux fruits que produit cette région, il faut spécialement signaler les pêches et les abricots d'Erivan, renommés pour leur chair savoureuse et leur peau délicate, dont on fait des conserves et purées, exportées non seulement au Caucase, mais dans toute la Russie. En 1913, cette exportation s'élevait à 74.000 pouds (1.200 tonnes environ), selon les statistiques des transports de chemins de fer.

Potagers. — Les jardins potagers sont assez développés en Arménie Orientale.

Dans le gouvernement d'Erivan, on ne cultive les légumes que pour la consommation locale, tandis que dans la province de Kars, les semis de légumes variaient, avant la guerre, selon les besoins des troupes russes. Outre les légumes préférés des indigènes, comme oignons, haricots, navets, concombres, etc., on y cultivait la pomme de terre et le chou, consommés en grandes quantités par l'armée russe. La culture de ces derniers légumes fut apportée ici par les colons russes.

Il faut encore mentionner la pastèque et le melon, dont une variété connue dans le gouvernement d'Erivan sous le nom de « doutma », réputée pour sa douceur et son arôme, pourrait rivaliser par ces qualités savoureuses avec le melon de Tchardjoui (Turkestan russe).

Quant à la betterave à sucre, les essais tentés par le Ministère de l'Agriculture de la République Arménienne donnèrent des résultats très satisfaisants. La teneur en sucre de cette betterave égalait celle de la betterave ukrainienne. Il fut même question de transporter en Arménie l'une des raffineries de l'Ukraine, mais les événements politiques empêchèrent la réalisation de ce projet.

B. — EN ARMENIE OCCIDENTALE

Céréales. — Dans l'Arménie Occidentale, qui se trouve encore dans les limites de la Turquie, l'agriculture est placée dans les conditions suivantes :

1° Le mauvais état économique général du pays;

2° La misère des populations liées par la routine au système primitif de labourage ;

3° Manque de capitaux et de connaissances techniques laissant de vastes surfaces de terrain en friche ;

4° Système de poids et mesures très compliqué et embrouillé ;

5° Lourdes contributions ;

6° Absence de voies de communications obligeant les populations des régions intérieures à n'ensemencer que des étendues très restreintes, pour leurs besoins personnels, se trouvant dans l'impossibilité d'exporter le surplus de leur récolte.

Il faut ajouter à toutes ces conditions désavantageuses l'arbitraire administratif qui, tout en nuisant au travail paisible de l'agriculteur, ne lui offre aucune garantie qu'il pourra jouir du fruit de son labeur.

Bien rares sont les données relatives à l'agriculture de ces régions. La seule source que l'on puisse consulter est le livre de M. Cuinet, bien que les chiffres qu'il fournit soient contestés par M. Maïevski. Tous deux affirment cependant qu'il suffirait d'ensemencer annuellement la superficie ordinairement cultivée de terrains du valayet d'Erzeroum et du Sandjak de Van pour obtenir une quantité de céréales plus que suffisante à la consommation annuelle locale et d'en réserver même une partie pour l'année suivante. M. Maïevski ajoute « que l'abondance des vivres se trouve plutôt dans les villages arméniens que dans les villages kurdes ».

Ces deux auteurs racontent que si le paysan arménien ne limitait pas l'exploitation de son champ à ses propres besoins, il verrait pourrir le surplus de son blé dans les puits (fosses rondes où les paysans arméniens conservent le blé; il en serait de même pour son foin et sa paille La cause en est connue — manque d'exportation par l'absence des voies de communications.

L'affirmation de M. Maïevski relative à la surproduction aisément réalisable du vilayet d'Erzéroum et du Sandjak de Van est confirmée par les renseignements donnés par Cuinet sur les récoltes et la population moyenne de ces deux provinces de l'Arménie Occidentale.

Cuinet, dont les données se rapportent aux années 1885-1889, époque où la population arménienne était encore intacte, fut chargé par le gouvernement ottoman d'étudier ces régions. Les chiffres fournis par Cuinet permettront d'établir la moyenne annuelle de la récolte et de la population. Il est à supposer que ces chiffres sont bien plus favorales au gouvernement turc, dont Cuinet était le fonctionnaire, qu'aux populations arméniennes, principales productrices des richesses agricoles.

Néanmoins, Cuinet rapporte que la population de 645.000 âmes du vilayet d'Erzéroum obtient annuellement une récolte de 216.000 tonnes (13.000.000 de pouds) de céréales, celle du Sandjak de Van, au nombre de 130.000 âmes, récolte dans le même laps de temps 80.000 tonnes (4.880.000 pouds), ce qui donne, pour une totalité de 775.000 habitants, une production d'environ 296.000 tonnes (17.880.000 pouds), soit près de 376 kg. (23 pouds) par habitant : quantité dépassant les besoins locaux.

L'excédent de blé obtenu dans le vilayet d'Erzeroum et le Sandjak de Van couvre l'insuffisance des récoltes dans les autres parties de l'Arménie Occidentale moins favorisées pour la culture des céréales comme, par exemple, le vilayet de Trébizonde.

Nous avons démontré plus haut l'état primitif de la culture dans ce pays.

Il est clair que dans des conditions meilleures et un système agricole perfectionné, ces régions donneraient des résultats autrement considérables. La motoculture y est applicable aussi bien sur le plateau d'Erzéroum que dans les vallées fertiles d'Alachkert, Bassène (Haut et Bas), Mélasguert, Boulanikh, Mouch, Abagha et autres. Chacune de ces vallées, riches en humus et en eaux, deviendrait un grenier pour le pays.

Outre les céréales, on cultive dans les mêmes vilayets le lin, le chanvre, le sésame, dont on obtient de l'huile.

Potagers.— La culture des plantes potagères est bien développée en Arménie Occidentale. Voici un tableau qui donnera une idée des légumes récoltés en une année dans les potagers de Van :

Oignons	737.400	kilogrammes
Choux.	1.474.800	—
Navets	1.106.100	—
Poivre.	368.700	—
Aubergines	184.350	—
Raifort	294.960	—
Radis	221.220	—
Pommes de terre	221.220	—
Aulx	22.120	—
Melons	1.474.800	—
Pastèques	368.700	—
Concombres	221.200	—
Potirons.	368.700	—
Total........	7.064.290	kilogrammes,

soit 7.064,29 tonnes, ou 431.000 pouds.

Comme la ville de Van ne compte que 30.000 habitants, il revient annuellement 235 kg. (14,3 pouds) de légumes par personne.

Vergers et vignes. — Les vergers de la même ville produisent annuellement les fruits suivants :

Raisins	222.000	kilogrammes
Poires.	148.000	—
Pommes.	185.000	—
Abricots.	148.000	—
Prunes	74.000	—
Coings	22.000	—
Pêches	1.500	—
Cerises anglaises	750	—
Cerises	1.500	—
Pchatt (1)	750	—
Total..........	803.500	kilogrammes

Les pommes de Van, appelées « chah-alma » et les grenades de Mouch sont renommées dans le pays.

(1). Fruit d'Asie Mineure et de Transcaucasie rappelant le jujube.

Dans le Sandjak de Van, les plaines basses seules sont propres à la culture de la vigne. Dans la vaste plaine de Mouch (Vilayet de Bitlis), à côté du raisin et des fruits de qualité supérieure, on cultive encore le tabac. Il était exporté dans le vilayet de Trébizonde, centre de la production du tabac.

La région de Mouch est favorisée d'une matière sucrée — la « manne ». C'est une couche très mince de jus qu'exsudent sur leurs feuilles certaines plantes et que la population recueille pour en faire des pastilles d'un goût très doux.

II. ELEVAGE

Cette branche de l'agriculture occupe en Arménie une place exceptionnelle. Les prairies, en quantités suffisantes, permettant de nourir les bestiaux, été comme hiver, favorisent le développement de l'élevage dans ce pays.

A. — EN ARMENIE ORIENTALE

La République Arménienne, pays montagneux par excellence, possède de magnifiques pâturages sur les versants de ses montagnes, qui présentent toutes les conditions capables de donner un grand essor à cette partie de l'agriculture.

La contrée s'occupe d'élevage aussi bien pour son ravitaillement en viande et en laitage que pour l'exportation en pays limitrophes.

Sur la superficie totale de la République Arménienne, près de 3.000.000 d'hectares (40 0/0) sont occupés par des prairies subalpines et les pâturages. Mais ces prairies ne sont pas toutes à l'entière disposition du peuple arménien, car les tribus nomades existantes encore au Caucase, migrent en été avec leurs troupeaux dans les montagnes, s'éloignent du lieu de leur habitation jusqu'à 200-400 kilomètres, et profitent ainsi d'une partie considérable des pâturages de la République. Il ne reste donc à la population arménienne que près de 2.000.000 d'hectares de pacages.

Quantité de bétail. — Le bétail élevé dans ces pâturages se chiffrait à 4.000.000 de têtes, dont 1.490.000 pour le gouvernement d'Erivan, 1.220.000 pour la province de Kars, 900.000 pour la partie montagneuse du gouvernement d'Elisabetpol, 250.000 pour la partie méridionale du district de Bortchalou et 150.-200.000 pour d'autres localités.

On croît à tort que ce ne sont que les tribus nomades Tartares et Kurdes qui font de l'élevage en Transcaucasie. C'est une grave erreur, car le peuple arménien, tout en étant essentiellement sédentaire, produit du bétail en plus grand nombre que ces tribus et de bien meilleure qualité, — exemple les agriculteurs de la province de Kars.

Le gouvernement d'Erivan présente des conditions exceptionnelles pour l'élevage. Une partie de son territoire, située dans la vallée de l'Araxe et non encore irriguée, sert de pâturage d'hiver aux troupeaux transhumants en été sur les versants de l'Alaguiaze, de l'Ararat, de l'Aghri-Dagh, etc.

Moutons et Chèvres. — L'élevage du mouton est particulièrement développé dans le pays, où l'on trouve avec la race caucasienne, le mouton russe et le mérinos.

Le mouton local se distingue des autres races par sa queue de graisse, pesant de 10 à 15 fountes (4 à 6 kg), nommée dans le pays « *kourdiouk* » ou « *demak* ». C'est un animal très rustique, toujours au pâtis; son poids atteint jusqu'à 16 kg. (sans le *demak*).

Les chèvres sont élevées surtout dans la montagne. Celles de la race Angora se trouvent principalement dans la région de Sarikamich.

Le nombre total des moutons et des chèvres s'évalue à environ 2.500.000 têtes.

Bovidés. — Les bêtes à corne — vaches, bœufs, taureaux, buffles dont le nombre atteint jusqu'à 1.400.000 têtes — sont de race caucasienne ou d'origine russe (importées de la Russie d'Europe). Ces dernières se sont fort bien acclimatées, au point que l'on rencontre en Arménie nombre de fermes qui comptent par dizaines les vaches donnant un lait abondant et gras.

La race indigène est moins bonne laitière, quoique son lait soit aussi gras.

Les bœufs et les buffles sont les auxiliaires habituels de l'agriculteur qui s'en sert, des buffles surtout, comme bêtes de trait sur les pénibles routes de montagne.

Chameaux. — On trouve aussi des chameaux (près de 5.000 têtes) dans le gouvernement d'Erivan. Ce sont les indigènes Tartares qui les élèvent.

Chevaux.. — Le cheval est relativement peu employé comme bête de trait par le paysan arménien. De temps immémorial, l'Arménie a été réputée pour ses chevaux de selle, employés dans la cavalerie indigène. Dans les combats livrés sur les plateaux arméniens, la cavalerie a toujours joué un rôle décisif. Aussi les rois d'Arménie et ceux qui par la suite gouvernèrent ce pays apportèrent-ils un soin particulier à l'élevage des chevaux.

Le gouvernement russe avait établi plusieurs dépôts d'étalons en Arménie Orientale.

Réputée dans tout le Caucase, la race chevaline dite de Karabagh est le résultat du croisement des meilleures espèces arabes avec celles du pays.

On comptait avant la guerre près de 90.000 chevaux en Arménie Orientale.

On y élève également des mulets et des ânes (près de 35.000 têtes), affectés principalement au transport des fardeaux dans les montagnes où le cheval est de peu d'utilité.

Coefficient de richesse en bétail. — Le tableau B (voir l'Annexe III) donne un aperçu général sur l'élevage dans une partie de la République Arménienne. Le tableau concernant les provinces de Kars et le gouvernement d'Erivan, complété par les renseignements sur les districts d'Alexandropol et de Novo-Baïazet, qui y manquaient, a été tiré de l'œuvre de Korsoune (Aperçu militaire, Partie II, Fascicule II, page 119). On y trouve les chiffres moyens :

a. — De la richesse du pays en bétail. (Coefficient de richesse.)

b. — Du développement de l'élevage. (Coefficient du développement de l'élevage.)

Le premier chiffre est obtenu en divisant le nombre du bétail par celui de la population et en le multipliant par cent. On obtient de cette manière le nombre du bétail, gros et menu, possédé par cent habitants. Pour faciliter ce calcul et afin de se baser sur une unité, on traduit le menu bétail en gros (10 menu bétail = 1 gros bétail, d'après le poids approximatif). La somme de gros bétail ainsi obtenue, divisée par le nombre des habitants et multipliée par 100, donne l'unité qui dénote la richesse du pays en bétail (coefficient de richesse).

Le coefficient du développement de l'élevage est obtenu de la même façon. Les mêmes quantités du gros et du menu bétail, séparément ou ensemble (unité en gros bétail), divisées par la superficie en déciatines et multipliées par 100, donnent le nombre du gros et menu bétail pour 100 déciatines et le nombre moyen, exprimé en gros bétail, pour la même superficie. Ce dernier chiffre indique l'intensité du développement de l'élevage dans la région donnée.

D'après les calculs de Korsoune, dans les 50 gouvernements de la Russie d'Europe, 100 habitants possèdent 29,2 têtes de gros bétail et 62,9 de menu, ce qui fait un coefficient de richesse de 35,5 en gros bétail. Le coefficient du développement de l'élevage n'y dépasse pas de 9 à 10 têtes de gros bétail par 100 déciatines. On voit par le tableau B qu'à 100 habitants de la République arménienne, il revient en moyenne 73,5 têtes de gros bétail, 128,4 de menu et le coefficient de richesse y est de 86,4. Ces moyennes dépassent 2,5 fois celle des 50 gouvernements de la Russie d'Europe, dont le coefficient de richesse n'est que 35,5.

La seconde rubrique du tableau prouve qu'une superfiicie de 100 déciatines possède 24 têtes de gros bétail et 42 têtes de menu, ou, en unité en gros bétail, 28 têtes, c'est-à-dire presque 3 fois plus qu'en Russie d'Europe.

B. — EN ARMENIE OCCIDENTALE

Généralités. — En dépit de la divergence dans les chiffres qu'ils fournissent, les explorateurs de l'Arménie Occidentale (Cuinet, Maïevski, Griaznoff, Korsoune) sont unanimes pour affirmer qu'elle est fort riche en bétail de toutes espèces et surtout en moutons. Voici ce que dit Korsoune à ce propos : « Exception faite de la région du littoral, l'éle-
« vage du mouton est florissant dans tout le pays, il est la principale
« richesse des Kurdes et l'attribut indispensable de la population séden-
« taire. Les moutons, les brebis et les chèvres sont la grande ressource
« des indigènes. Ce menu bétail fournit la viande, le lait, le fromage, la
« laine et la peau utilisée dans le commerce. La région la plus riche en
« menu bétail est celle qui commence par les plaines de Baïazet et
« d'Alachkert et s'étend le long du Mourad-Tchaï (Euphrate Oriental)
« à travers les plaines de Douttakh, Mélasguert, Boulanikh et Mouch.
« Puis la vaste région centrale au sud du Taurus Pontique, comprenant
« les Sandjaks d'Erzeroum et d'Erzindjian (vilayet d'Erzeroum).
« abonde également en petit bétail de toutes espèces.

« Dans les vilayets de Van et de Bitlis, l'élevage du *mouton* est lar-
« gement pratiqué dans les Kazas de Bergri, de Mahmoudié, d'Aghbak,
« etc. »

C'est surtout la race indigène à *demak* qui est élevée dans ce pays, elle donne annuellement 1,6 kg. par tête d'excellente laine.

Quant à l'élevage de la *race bovine*, il se fait surtout dans les endroits les plus agricoles où elle sert principalement au labour. La région du littoral, peu exploitée par l'agriculteur, est, pour cette raison, la plus pauvre en bêtes à cornes.

L'élevage des *chevaux* n'est pratiqué que par les Kurdes, dont les plus riches élèvent des chevaux de race arabe, pur sang et demi-sang.

D'après les données approximatives, on pourrait évaluer la quantité de chevaux en Arménie Occidentale à 150.000 têtes.

Le buffle, l'âne et le mulet sont employés au transport, le premier dans les plaines, les deux autres dans les montagnes.

Coefficient de richesse en bétail. — « Il faut donc, dit Korsoune, reconnaître que, sauf le littoral de la mer Noire, toute la région étudiée est riche en gros et menu bétail, et sous ce rapport elle dépasse même les gouvernements méridionaux de la Russie d'Europe ».

Cette assertion peut être prouvée par les chiffres suivants (se rapportant à l'année 1892) (Cuinet).

Vilayet de Bitlis :	menu bétail	....	2.000.000	de têtes.
	gros —	....	800.000	
Vilayet d'Erzeroum :	menu —	....	2.300.000	(chiffres ronds).
	gros —	....	523.500	
Vilayet de Trébizonde :	menu —	....	800.000	
(élevage peu développé)	gros —	....	40.000	

En divisant ces chiffres par le nombre respectif des populations de ces vilayets — Bitlis : 400.000, Erzeroum : 645.000 et Trébizonde : 1.000.000, on obtient le tableau suivant pour 100 habitants (Coefficient de richesse en bétail).

Vilayets	*menu*	*gros*	*total*	*total en gros bétail*
—	—	—	—	—
Bitlis.......	500,0	200,0	700,0	250
Erzeroum ..	356,6	81,1	437,7	117
Trébizonde..	80,0	4,0	84	12

Ce qui montre que les moyennes de la Russie d'Europe (62 de menu bétail, 29 de gros et 35,5 exprimé en gros bétail) y sont dépassés 7 fois dans le premier vilayet, 3 fois dans le second, tandis que le troisième occupe un rang inférieur par rapport à la Russie d'Europe.

Les chiffres concernant la quantité du bétail du vilayet de Van manquent, mais Cuinet fournit les renseignements suivants sur la production annuelle en bétail de cette province :

Moutons et chèvres	207.000	têtes.
Bêtes à cornes	100.000	—
Anes et mulets	48.000	—
Chevaux (poulains et juments)	49.000	—
Total	404.000	têtes.

En admettant que les chiffres fournis par Cuinet pour la production soient exagérés et qu'il faille les diminuer de moitié, et que la production équivaille à 10 0/0 de toute la quantité de bétail, on obtient tout de même pour le vilayet de Van 1.000.000 de têtes de menu bétail et 500.000 de gros, pour une population de 430.000 habitants, ce qui donne pour 100 habitants :

	menu	*gros*	*total*	*total en gros bétail.*
	—	—	—	—
Vilayet de Van :	232	116	348	140

Soit un coefficient de richesse en bétail 4 fois supérieur à celui de la Russie d'Europe.

D'après ces données, le vilayet de Bitlis occupe, en Arménie Occidentale, le premier rang par sa richesse en bétail, le second revient au vilayet de Van, le troisième à Erzeroum et le dernier à Trébizonde, peu favorisé pour le développement de l'élevage.

Les provinces de Kars et d'Erivan, en Arménie Orientale, 2,5 fois plus riches en bétail que la Russie d'Europe, occupent la 4e place, c'est à-dire qu'elles viennent immédiatement après le vilayet d'Erzeroum.

C. — TOTALITE DU BETAIL ET PRODUITS DE L'ELEVAGE DANS TOUTE L'ARMENIE

Totalité du bétail. — Afin de déterminer la quantité de bétail revenant à l'Arménie Occidentale, il faut réduire de moitié les chiffres absolus de bétail donnés par Cuinet et cités plus haut, pour les trois vilayets de Trébizonde, Bitlis et Van, car ce ne sont que les moitiés de ces trois vilayets qui entrent dans le territoire de l'Arménie, tracé par M. Wilson.

Il n'y a que pour le vilayet d'Erzeroum, dont presque toute la superficie fait partie de l'Arménie Occidentale, que les chiffres de Cuinet restent invariables.

En calculant de la manière précédente, nous obtenons une quantité totale de bétail, en Arménie Occidentale, de 5.393.000 têtes soit, en chiffres ronds, 5 1/2 millions.

Si l'on y ajoute environ 4 millions de têtes provenant de l'Arménie Orientale, on arrive à un total de 9 1/2 millions de têtes sur tout le territoire de l'Arménie.

Faut-il encore répéter que l'élevage pratiqué dans des conditions normales de paix et de sécurité pourrait devenir une base de richesse nationale pour toute l'Arménie ?

D'après les calculs les plus modestes, la quantité de bétail ci-dessus mentionnée pourrait donner annuellement :

13.000 tonnes de beurre ;
11.000 — de laine de mouton et poil de chèvres d'Angora ;
39.000 — de fromages de brebis et de vaches (gruyère) ;
65.000 — de viande de gros bétail ;
13.000 — — de menu bétail (moutons) ;
1.100.000 peaux de moutons et de bêtes à cornes ;
1.800-2.600 tonnes de graisse de *demak*.

Ces articles sont exportés par les ports de la Mer Noir à Constantinople, et même en Europe (peaux).

Fromages. — La République Arménienne possède des fermes où l'on fabrique un excellent fromage rappelant le gruyère, exporté en grande quantité dans les pays voisins. Les fromages du pays, « mothal », «akhtarma», très gras et d'un goût piquant, ressemblent au roquefort. Le gruyère local, fabriqué dans les fermes des environs de Djalal-Ogli, de Lori (Bortchalou montagneux) et de la province de Kars, le beurre, la crème appelée « kaïmak », les fromages de brebis de Zanguézour et de Karabagh sont renommés dans tout le Caucase.

Mais tous ces produits, à l'exception du gruyère et du beurre fabriqués dans les grandes fermes, sont préparés d'une manière primitive, occasionnant une énorme perte de temps, de travail et d'une partie du produit lui-même. Il y manque la science et surtout les capitaux pour transformer cette branche de l'agriculture en une véritable industrie.

Laine.— Les procédés concernant l'industrie de la laine, sont également primitifs. Les Arméniens de Van, tisserands habiles, réfugiés dans la République Arménienne, furent les premiers à appliquer les métiers de leur propre invention et à améliorer la qualité des tissus. Ces dernières années, les Américains (Near East Relief Committee) contribuèrent beaucoup au perfectionnement de cette industrie.

La teinture des tissus se fait sur place par des couleurs végétales, jaune, rouge, etc., préparées par la population elle-même.

L'Arménie, riche en toutes sortes de plantes, produit des plantes colorantes, et médicinales que l'on pourrait utiliser fructueusement dans l'industrie.

Apiculture. — Notre exposé serait incomplet si l'on ne disait quelques mots sur l'apiculture. Cette culture donne en certaines régions de superbes résultats. En Arménie Orientale, les gorges de la région de Lori, de Bortchalou méridional, de Délijan, les parties montagneuses de la province de Kars et du district de Zanguézour sont réputés pour leur miel doré et parfumé.

Le miel est très abondant en Arménie Occidentale. Les colonies d'abeilles, très nombreuses, essaiment soit dans des grottes, soit dans les fentes des rochers. Aussi n'est-il point rare de voir couler le miel en des endroits sauvages et élevés et que l'on recueille à l'aide d'échafaudages.

La production du miel de ruches atteignait les chiffres suivants : 50.000 kilogrammes annuellement pour la région de Mouch et 1.500.000 kilogrammes pour toute l'Arménie Occidentale.

DERNIER MOT

DERNIER MOT

Dans ce court aperçu, tout en relevant les richesses naturelles et les possibilités du développement économique que possède l'Arménie, on a signalé les causes qui, jusqu'à ce jour, ont entravé sa progression.

Il reste à ajouter encore quelques mots.

Dans le passé lointain de son histoire, alors que nombre des peuples avancés d'aujourd'hui ne figuraient encore pas sur la scène du monde, le peuple arménien avait atteint une haute culture intellectuelle et matérielle, dont les nombreuses traces, les monuments historiques, sont répandus dans tout le pays. De ce passé lointain, le peuple arménien, en dépit de la succession malheureuse des événements historiques, a pu conserver sa forte vitalité, son inépuisable résistance et son irréductible tendance à la civilisation.

Ce peuple — dont 85 0/0 sont agriculteurs — vivant dans sa patrie, nonobstant les oppressions sans nombre auxquelles il a été exposé, a pu, grâce à son endurance et à son âpre travail, parvenir à un certain degré de bien-être matériel qui fut détruit à la suite de la guerre. Même dans la tyrannique Turquie, où les fonctionnaires turcs, non moins que les voisins mahométans ont toujours dépouillé l'Arménien d'une bonne part des prémices de son labeur, celui-ci, grâce à son amour du travail, a pu s'y créer une situation matérielle aisée, tout en formant l'une des bases principales de la prospérité matérielle de l'Etat turc.

A la suite d'oppressions politiques, à différentes époques, des centaines de milliers d'Arméniens jeunes et vigoureux quittant leur patrie, se sont répandus dans le monde et ont créé de nombreuses colonies riches et florissantes.

Aussi bien en Russie, en Turquie d'Europe (Constantinople) et dans les Balkans qu'en Egypte, en Angleterre, dans les Indes et en Amérique, des colonies arméniennes se sont formées, accrues et enrichies, marchant de pair avec la plus haute culture, soit dans les sciences, les arts, le commerce et l'industrie, soit dans les autres branches de la vie contemporaine.

Disposant de grands moyens matériels, ces colonies sont non moins riches — la colonie d'Amérique, en particulier — d'un nombre considérable d'hommes pourvus de connaissances techniques.

Dès les deux premières années de la formation de la République Arménienne, un courant de retour vers la patrie commença très sérieusement. Les malencontreux événements politiques arrêtèrent ce mouvement.

Même aux époques les plus cruelles de sa vie nationale, le peuple arménien n'a jamais perdu l'espoir d'un avenir meilleur. Actuellement encore, en dépit des nombreux insuccès et des déceptions, ce peuple est profondément convaincu qu'il est impossible que l'un des plus grands préceptes de notre époque ne puisse être appliqué à lui-même : le droit des nations de disposer d'elles-mêmes.

Dès qu'une situation politique stable, définitivement établie en Arménie, pourra garantir l'indépendance et la liberté du peuple arménien, partant la possibilité du développement de la culture intellectuelle et économique, les forces intellectuelles et physiques des colonies arméniennes reprendront leur exode vers la patrie. Ces énergies viendront combiner leurs efforts avec le travail assidu des Arméniens vivant dans la mère-patrie.

Cependant, quelque grands que fussent l'énergie et le travail des Arméniens vivant sur le sol natal et ceux des momentanément expatriés, ils ne peuvent, à eux seuls, rappeler à la vie les forces qui sommeillent dans le sol et le sous-sol de l'Arménie, si de gros capitaux ne viennent fournir les moyens indispensables au travail du peuple arménien.

Seule, l'union des richesses naturelles du pays et du travail de la population avec le capital productif, peut donc faire prospérer l'économie de notre patrie. Les deux premiers éléments existent déjà, il reste à combler la lacune laissée par le troisième : le capital.

Le présent travail éclairera ceux qui n'étaient pas encore au courant des conditions économiques de l'Arménie, en leur apprenant, d'une part, que les capitaux peuvent y trouver des placements fort avantageux, d'autre part que ces capitaux, procurant la possibilité de révéler toutes les richesses naturelles et toutes les énergies productives de l'Arménie, introduiraient ce pays dans la sphère économique mondiale et le rendraient l'un des agents les plus indispensables au bien-être économique et au développement de l'Orient, qui se réveille de son sommeil séculaire.

ANNEXE I

Chemins de fer de l'Arménie

TABLEAU 4

Travail des stations des voies ferrées arméniennes
Expéditions des marchandises par petite vitesse (en pou

Années 1913-1916

	1913	1914	1915	1916
SANDAR				
Froment	102.572	10.267	1.005	25.707
Orge	62.020	17.402	3.955	61.455
Vins	100.448	98.455	37.803	1.051
Bois de chauffage	141.836	47.218	27.312	70.770
Pierre de taille	206.904	84.906	29.349	16.831
Autres marchandises	348.749	180.470	62.363	81.451
TOTAL	957.529	438.718	161.787	257.225
SADAKHLO				
Froment	45.290	3.423	13	29
Orge	31.943	8.194	4.647	19.194
Rondins, pals, poutres, etc.	105.610	91.870	33.767	13.276
Bois de chauffage	639.660	449.368	382.988	488.416
Coton	18.210	9.866	8.751	483
Pastèques et melons	60.907	24.284	2.504	2.735
Graines de cotonnier	20.730	4.165	10.423	—
Charbon de bois	747.816	580.147	436.013	462.895
Autres marchandises	73.091	48.715	16.798	68.144
TOTAL	1.743.177	1.220.032	895.904	1.055.152
AKHTALA				
Rondins, pals, planches	46.320	12.871	—	—
Bois de chauffage	61.669	24.578	39.756	39.721
Pierre de taille	26.065	—	—	—
Minerai de cuivre	1.169.544	612.806	34.748	357.026
Charbon de bois	43.082	10.451	688	—
Autres marchandises	51.658	18.854	334.659	135.303
TOTAL	1.398.338	679.560	409.849	532.050

	1913	1914	1915	1916
SANAHIN				
Pierre de taille	3.269	1.125	12.490	—
Cuivre	232.221	197.843	95.450	119.964
Minerai de cuivre	32.406	19	—	—
Autres marchandises	68.577	80.117	301.255	579.335
Total	336.673	279.104	409.195	699.299
KALAGUERAN				
Planches, douves, traverses, rondins	24.259	27.542	4.617	3.915
Foin	126.234	63.200	43.418	14.329
Autres marchandises	98.281	66.125	73.005	88.056
Total	248.774	156.867	121.040	106.300
CHAHALI				
Planches, planchettes, voliges, poutres, poutrelles	79.962	106.187	15.267	31.208
Rondins, pals	28.112	57.504	16.749	16.042
Bois de chauffage	442.082	564.513	677.913	453.410
Pierre de taille	605.632	347.578	274.139	138.981
Minerai de cuivre	83.134	18.431	—	—
Autres marchandises	29.208	29.084	32.954	53.297
Total	1.268.130	1.123.317	1.017.322	692.938
KARAKLIS				
Planches, planchettes, voliges, poutres, poutrelles	11.187	5.059	10.900	20.767
Bois de chauffage	124.560	130.137	319.563	305.983
Pièces en bois pour chariots et autres véhicules.	16.623	16.437	218	1.893
Pierre de taille	126.926	12.732	14.167	3.000
Pommes de terre	45.490	55.848	77.862	128.516
Pyrite de fer	104.672	36.879	81.142	129.945
Foin et paille	106.167	1.031	46.381	—
Autres marchandises	84.678	115.726	44.943	31.659
Total	620.603	373.829	595.176	620.863
AMAMLI				
Orge	52.783	32.508	55.210	3.765
Pierre à chaux (calcaire)..	585.402	2.926	451.052	62.141
Pommes de terre	106.399	97.334	59.334	68.657
Autres marchandises	99.531	400.652	15.124	8.447
Total	844.115	533.420	580.720	143.010

	1913	1914	1915	1916
KALTAKHTCHI				
Pierre à chaux (calcaire)..	98.352	17.132	75.198	—
Autres marchandises	57.839	25.251	30.941	12.654
TOTAL	156.091	42.383	106.139	12.654
DJADJOUR				
Pierre de taille	157.033	39.324	3.005	7
Autres marchandises	15.113	1.930	5.277	2.393
TOTAL	172.146	41.254	8.282	2.400
ALEXANDROPOL				
Orge	172.132	105.977	91.066	3.887
Farine de froment	28.167	61.077	30.031	17.327
Œufs	32.839	26.975	10.692	8.178
Glace	2.360	11.771	—	—
Fonte non travaillée	8.481	3.164	9	992
Basalte, libage	42.347	41.346	11.132	1.996
Pastèques, melons, choux, pommes de terre, oignons, concombres ——	18.882	11.018	25.648	47.996
Foin	60.270	23.557	19.094	1.835
Autres marchandises	319.421	238.622	178.701	136.034
TOTAL	684.926	523.507	366.373	218.245
KARAIAL				
Farine de froment	49.086	25.225	73.887	3.290
Glace	119.845	485.793	87.156	7.468
Basalte, libage, gros caillou	73.838	66.349	21.026	—
Foin et paille	92.818	229.633	123.888	17.888
Autres marchandises	197.213	22.850	32.525	6.675
TOTAL	532.800	829.850	338.482	35.321
BACH-KADIKLAR				
Orge	79.945	14.299	7.148	1.489
Glace	66.275	481.178	1.581	—
Foin et paille	79.665	135.834	49.792	13.910
Autres marchandises	46.618	9.575	14.298	27.391
TOTAL	271.903	640.886	72.819	42.790

	1913	1914	1915	1916
KARS				
Froment	3.608	913	—	—
Orge	420.536	159.647	3.300	1.031
Farine de froment	64.549	92.231	5.693	34.573
Farine de seigle	—	60	—	1.971
Planches, planchettes, voliges, poutres, etc.	33.978	186.720	6.321	35.450
Glace	26.782	465.393	52.969	3.858
Basalte, libage, gros caillou	12.704	5.703	806	—
Foin et paille	118.773	65.759	8.200	2.890
Autres marchandises	337.528	739.111	199.519	202.065
Total	1.018.458	1.715.537	276.808	281.833
AGUINE				
Froment	13.354	11.673	22.522	36.412
Orge	27.418	94.113	112.827	88.634
Farine de froment	57.178	24.265	55.921	30.151
Foin et paille	857	5.399	63.620	8.041
Autres marchandises	26.568	44.500	12.235	60.411
Total	125.375	179.900	267.125	223.649
ANI				
Froment	15.222	13.849	41.207	19.371
Orge	32.212	70.184	51.430	74.465
Foin et paille	1.045	2.599	9.952	9.562
Autres marchandises	230.368	122.328	8.107	9.968
Total	278.847	208.960	110.696	113.366
ARAXE				
Sel gemme et de cuisine..	878.251	657.392	883.704	631.003
Graines de cotonnier	14.494	30.505	—	132
Autres marchandises	36.406	12.555	65.604	119.219
Total	929.151	700.452	949.308	750.354
ETCHMIADZINE				
Vins	339.321	140.347	17.745	42.686
Oignons	40.284	43.979	68.724	60.793
Graines de cotonnier	24.403	36.875	—	995
Autres marchandises	60.743	91.788	87.504	140.902
Total	464.751	302.989	173.973	245.276

	1913	1914	1915	1916
OULOUKHANLOU				
Riz	20.546	26.497	45.674	82.259
Graines de cotonnier	38.280	44.767	3.527	2.755
Autres marchandises	32.577	17.020	60.516	135.934
Total	91.403	88.284	109.717	220.948
ERIVAN				
Farine de froment	40.814	29.546	21.533	9.648
Riz	173.306	91.132	59.078	118.203
Vins	196.592	162.599	146.988	156.251
Coton	384.504	247.617	239.717	168.768
Conserves et purées d'abricots	74.217	25.217	32.849	41.890
Eau-de-vie	47.768	30.508	—	—
Pierre de taille	21.416	4.894	3	948
Autres marchandises	231.631	205.447	132.485	219.737
Total	1.169.513	796.960	632.653	575.126
KAMARLOU				
Vins	184.568	184.517	119.528	288.433
Alcool	35.362	34.897	5.114	2.472
Graine de cotonnier	50.708	41.455	28.913	10.271
Autres marchandises	73.682	66.069	75.350	198.346
Total	344.320	326.939	228.905	409.572
NORACHENE				
Coton	134.071	139.641	149.005	73.743
Graine de cotonnier	84.726	95.276	8.152	3.672
Autres marchandises	34.513	26.869	51.802	69.817
Total	253.910	260.786	208.959	147.232
CHAHTAKHTI				
Sel gemme et de cuisine..	87[illegible]	—	—	5.464
Calcaire non travaillé ..	219.191	81.535	42.000	—
Autres marchandises	25.468	36.269	75.244	44.112
Total	245.537	117.804	117.244	49.576

	1913	1914	1915	1916
NAKHITCHEVAN				
Sel gemme et de cuisine..	522.799	424.556	410.114	392.162
Coton	84.292	68.105	104.353	64.706
Paille	33.469	11.996	21.334	1.015
Autres marchandises	134.722	223.566	331.875	191.957
TOTAL	775.282	728.223	867.676	649.840
DJOULFA				
Farine de froment	3.185	29.425	5.706	23.001
Raisins secs, raisins de Corinthe	1.452.430	987.092	463.924	943.233
Coton	61.229	47.029	29.111	23.409
Marchandises manufacturées	55.907	1.003	2.555	20.020
Autres marchandises	328.072	234.255	109.828	360.627
TOTAL	1.880.823	1.308.864	611.124	1.370.290

TABLEAU 5

Travail des stations des voies ferrées arméniennes.

Arrivages des marchandises par petite vitesse (en pouds)

Années 1913-1916

	1913	1914	1915	1916
SANDAR				
Sel gemme et de cuisine..	35.628	26.003	39.605	25.340
Autres marchandises	127.710	151.589	70.169	264.959
TOTAL	162.738	177.592	109.774	290.299
SADAKHLO				
Farine de froment	9.562	15.139	12.131	10.301
Planches	42.462	5.515	—	—
Briques	138.688	—	—	—
Autres marchandises	87.181	47.043	54.033	53.096
TOTAL	277.893	67.697	66.164	63.427

	1913	1914	1915	1916
AKHTALA				
Pierre de taille	5.810	421	—	1.190
Autres marchandises	52.504	42.795	20.982	22.483
TOTAL	58.314	43.216	20.982	23.673
SANAHIN				
Farine de froment	69.400	61.457	99.957	98.971
Orge	26.862	20.769	27.228	37.927
Planches	46.816	35.401	37.997	27.894
Rondins, pals	117.822	134.129	55.112	17.950
Fer et acier non travaillé.	12.700	16.143	7.436	3.949
Mazout	81.530	43.108	43.887	46.037
Chaux	23.886	4.537	6.993	14.650
Ciment	8.542	7.821	7.999	2.000
Briques	35.489	68.404	8.971	11.420
Argile et terre	4	—	—	4.576
Pierre de taille	1.260.899	740.153	274.439	199.932
Minerai de cuivre	1.253.045	631.264	347.408	4.528
Foin et paille	31.494	21.215	1.472	3.425
Coke	579.378	328.099	372.653	
Autres marchandises	192.595	116.326	622.422	434.061
TOTAL	3.740.463	2.228.826	1.053.916	907.320
CHAHALI				
Farine de froment	7.631	5.341	—	9.996
Autres marchandises	59.911	23.143	27.217	14.813
TOTAL	67.542	28.484	27.217	24.809
KARAKLIS				
Sucre et sucre cristallisé..	38.328	16.619	4.673	7.969
Sel gemme et de cuisine..	54.675	41.481	63.043	41.517
Froment	21.933	5.016	7.681	2.004
Farine de froment	161.948	208.849	159.484	151.531
Autres marchandises	298.132	233.269	56.141	88.123
TOTAL	575.016	505.234	291.022	291.144

	1913	1914	1915	1916
AMAMLI				
Farine de froment	56.908	67.112	9.975	19.050
Pastèques et melons	15.389	13.636	1.408	9.740
Autres marchandises	166.196	109.419	28.835	31.250
Total	238.493	190.167	40.218	60.020
ALEXANDROPOL				
Farine de froment	533.182	728.651	470.787	536.689
Riz	68.764	65.845	79.294	125.935
Raisins secs, raisins de Corinthe	66.630	57.192	76.918	53.773
Vins	33.700	27.162	30.771	31.614
Planches	165.932	172.585	288.753	39.776
Rondins et pals	42.812	52.266	3.610	—
Bois de chauffage	791.195	757.490	2.368.648	433.978
Fer et acier non travaillé.	76.325	57.927	46.787	18.381
Pétrole brut	80.623	86.261	90.658	53.191
Pétrole raffiné	149.252	158.721	112.555	100.436
Sucre et sucre cristallisé..	75.610	57.170	65.243	32.961
Sel gemme et de cuisine..	327.396	239.494	303.204	184.086
Houille	185.230	149.306	64.498	20.630
Pierre de taille	85.687	41.597	750	286
Marchandises manufacturées	31.659	17.755	4.329	936
Pastèques et melons	142.345	124.233	97.332	106.610
Charbon de bois	31.298	14.745	629	—
Autres marchandises	676.225	659.703	527.093	258.961
Total	3.563.872	3.458.506	3.626.659	1.998.263
KARAIAL				
Rondins, pals	23.519	10.273	750	—
Autres marchandises	56.449	42.450	29.203	87.444
Total	79.968	52.723	29.953	87.444

	1913	1914	1915	1916
KARS				
Farine de froment	617.315	661.193	560.230	623.332
Riz	69.953	48.078	50.558	29.736
Vins	49.457	16.211	16.530	11.113
Planches	272.251	481.701	1.199.434	947.642
Traverses	200.048	446	974	31.998
Rondins, pals	59.706	63.125	23.771	15.657
Bois de chauffage	987.914	766.188	1.373.757	560.007
Fer et acier non travaillé.	135.599	100.986	59.606	80.269
Pétrole brut	117.739	84.882	98.797	111.109
Pétrole raffiné	326.285	254.211	162.377	171.610
Sucre et sucre cristallisé..	252.043	901.210	108.702	55.387
Houille	284.880	201.282	211.636	141.902
Chaux	116.347	70.856	48.890	19.000
Ciment	221.194	298.038	301.002	120.800
Rails	3.061	104.181	31.340	90.534
Matériel ferré et roulant..	23.283	3.715	1.470	5.153
Machines agricoles	24.675	20.124	2.077	3.452
Pierre de taille	291.137	140.092	29.041	21
Marchandises manufacturées	48.326	28.442	11.055	455
Pastèques et melons......	119.156	76.766	68	—
Oignons	18.436	22.661	21.051	13.874
Charbon de bois	31.298	37.095	21.781	6.139
Autres marchandises	981.688	996.979	1.192.437	689.662
Total	5,249.791	4.678.522	5.523.584	3.717.892
AGUINE				
Rondins, pals	25.143	5.830	—	—
Autres marchandises	17.601	15.349	10.880	9.209
Total	42.744	21.179	10.880	9.209
ETCHMIADZINE				
Farine de froment	28.154	37.865	116.876	172.247
Planches	29.412	99.382	113.742	40.497
Pétrole raffiné	99.470	17.103	19.011	14.267
Sucre et sucre cristallisé..	36.944	23.723	29.135	10.385
Tonneaux et marchandises de tonnellerie	45.327	11.554	409	1.846
Autres marchandises	201.592	333.170	519.316	185.594
Total	370.899	522.797	798.549	424.836

	1913	1914	1915	1916
ERIVAN				
Froment	17.236	68.049	144.408	45.388
Orge	75.682	193.627	80.754	77.689
Farine de froment	619.756	451.734	563.977	411.534
Raisins secs, raisins de Corinthe	81.688	80.268	155.647	84.420
Planches	251.122	216.141	86.530	35.266
Douves	30.836	17.897	2.846	52
Bois de chauffage	814.972	649.177	694.750	235.925
Fer et acier non travaillé.	60.027	65.654	25.117	5.651
Pétrole brut	109.639	103.110	70.706	68.302
Pétrole raffiné	197.990	151.151	82.380	43.388
Sucre et sucre cristallisé..	258.082	154.493	210.936	133.036
Sel gemme et de cuisine..	228.565	178.927	34.288	79.442
Chaux	55.989	82.043	35.000	4.067
Ciment	51.913	36.422	21.018	5.020
Marchandises manufacturées	93.700	49.187	10.232	2.661
Matières tannantes	25.149	23.064	12.825	9.335
Charbon de bois	105.815	106.249	70.706	58.517
Autres marchandises	563.040	446.932	221.093	180.401
Total	3.665.342	3.102.356	2.537.415	1.565.857
KAMARLOU				
Farine de froment	152.192	95.967	93.126	96.585
Planches	53.023	49.366	227	35.266
Pétrole brut	78.592	50.281	1.907	68.302
Pierre de taille	369.596	97.307	—	1.063
Autres marchandises	137.726	292.924	119.651	212.284
Total	788.129	503.669	307.544	320.867
ARARAT				
Farine de froment	15.497	13.512	—	7.195
Autres marchandises	11.462	40.608	1.352	21.684
Total	26.599	54.120	1.352	28.879
NORACHENE				
Froment	18.145	1.202	4.360	3.580
Farine de froment	65.076	73.688	11.904	13.196
Charbon de bois	31.576	26.368	15.808	12.579
Autres marchandises	219.353	170.101	110.488	76.363
Total	334.150	271.359	142.560	105.718

	1913	1914	1915	1916
CHAHTAKHTI				
Sucre et sucre cristallisé..	28.658	29.805	10.390	10.255
Autres marchandises	65.977	102.499	166.682	4.506.860
TOTAL	94.635	132.304	177.072	4.517.115
NAKHITCHEVAN				
Farine de froment	134.770	94.225	38.847	67.149
Planches	113.391	72.839	3.848	854
Bois de chauffage	113.391	72.839	3.848	854
Fer et acier non travaillé.	9.148	18.737	3.137	2.136
Pétrole brut	32.271	32.244	15.875	33.024
Pétrole raffiné	27.612	28.236	1.805	37.530
Sucre et sucre cristallisé	46.823	54.627	61.750	26.273
Houille	107.000	37.899	3.378	364
Pierre de taille	274.509	81.625	3	49
Charbon de bois	49.679	45.604	31.807	19.117
Autres marchandises	277.354	226.496	82.081	1.110.529
TOTAL	1.174.345	780.053	328.201	1 307.451
DJOULFA				
Froment	3.437	1.749	—	9.873
Orge	125.897	67.990	18.864	26.322
Farine de froment	282.719	163.363	61.502	79.667
Farine de fèves, de pois, d'orge	15.669	5.632	259	189
Riz	34.638	30.868	203	764
Thé	117.923	41.315	69	185
Planches	117.500	142.358	53.043	108.534
Bois de chauffage	150.856	91.121	197.348	54.750
Fer et acier non travaillé..	40.338	45.210	12.744	10.045
Pétrole brut	335.537	385.075	64.565	156.081
Sucre et sucre cristallisé..	1.300.701	884.567	82.764	148.610
Marchandises manufacturées	182.556	90.012	1.094	2.741
Foin	41.910	36.837	10.060	8.833
Autres marchandises	887.009	1.602.604	819.043	346.508
TOTAL	3.636.681	3.588.701	1.321.558	953.103

TABLE DES MATIERES

RICHESSES MINERALES DE L'ARMENIE :

RESERVES AQUEUSES DE LA REPUBLIQUE ARMENIENNE :

CHEMINS DE FER DE L'ARMENIE :

TABLEAUX HORS TEXTE

ANNEXE II

Tableau A. — Surfaces cultivées et récoltes dans le gouvernement d'Erivan et la province de Kars, années 1909-1913.

ANNEXE III

Tableau B. — Gros et menu bétail dans la province de Kars et le gouvernement d'Erivan.

CARTES

Carte politique de la République Arménienne.

Voies de communications de la République Arménienne.

Tableau A

Agriculture en Arménie
Culture des plantes.

ANNEXE II

Surfaces cultivées et récoltes dans le gouvernement d'Erivan et la province de Kars—années 1909–13

(d'après les données de l'édition du Comité Central de Statistique du Ministère de l'Intérieur de Russie "Récolte")

Les chiffres au dessus de la ligne (numerateurs) indiquent les surfaces cultivées (en déciatines)
Les chiffres au dessous de la ligne (dénominateurs) indiquent les récoltes (en milliers de pouds)

Gouvernements Provinces	Années	CÉRÉALES ET LÉGUMINEUSES												Total des céréales et des légumineuses	Pommes de terre	Lin (graines)	Chanvre (graines)	Surfaces et récoltes totales pour toutes les cultures
		Seigle d'hiver	Froment d'hiver	Seigle d'été	Froment d'été	Orge	Avoine	Épeautres	Sarrasin	Millet	Maïs	Pois	Lentilles fèves haricots					
Gouvernement d'Erivan	1909	27 / 0,8	75.988 / 5.586,8	199 / 8,0	103.036 / 4.479,9	86.198 / 4.644,7	82 / 3,2	5.579 / 271,3	7 / 0,6	86 / 6,7	—	230 / 26,7	253 / 19,9	273.685 / 15.048,4	3.427 / 1.172,2	4.316 / 84,1	81 / 1,7	281.509 / 16.306,4
	1910	57 / 2,4	64.759 / 4.072,5	95 / 2,8	104.397 / 3.516,4	86.150 / 4.142,1	177 / 6,6	3.578 / 125,2	4 / 0,2	123 / 9,1	—	50 / 1,7	319 / 14,0	259.710 / 11.892,0	3.249 / 1.305,4	4.491 / 81,0	100 / 1,8	267.550 / 13.280,0
	1911	70 / 5,5	63.169 / 3.851,8	195 / 11,6	109.271 / 4.132,5	85.171 / 4.225,3	156 / 10,5	3.104 / 137,7	396 / 12,7	224 / 20,0	—	31 / 1,3	180 / 10,7	251.969 / 12.419,6	3.651 / 1.174,0	2.746 / 57,5	80 / 1,5	268.446 / 13.652,6
	1912	274 / 10,5	76.114 / 7.016,0	106 / 6,2	123.675 / 5.783,7	87.313 / 5.472,3	126 / 6,8	3.479 / 228,9	—	201 / 12,2	—	15 / 0,8	223 / 14,8	291.526 / 18.552,3	3 398 / 1.231,0	2.688 / 57,8	76 / 1,9	297.868 / 19.842,9
	1913	379 / 11,8	71.757 / 5.206,5	—	127,279 / 3.268,6	86.347 / 2.920,7	73 / 2,7	2.894 / 96,3	—	179 / 12,0	—	5 / 0,2	118 / 3,2	289.031 / 11.522,3	3.591 / 1.005,6	3.582 / 55,9	33 / 0,5	296.237 / 12.584,0
	Chiffre moyen pour 1909-1913	161 / 6	70.357 / 5.146,6	119 / 5,7	113.931 / 4.236,2	86.235 / 4.281,0	123 / 5,8	3.726 / 171,6	81 / 2,7	182 / 120	—	66 / 6,1	218 / 12,3	275.184 / 13.886,9	3.463 / 1.177,6	3.600 / 67,2	74 / 1,4	282.322 / 15.133,1
Province de Kars	1909	521 / 14,4	5.107 / 239,8	62 / 4,7	63.636 / 2.336,8	62.760 / 3.435,4	7 / 0,5	11 / 0,4	—	—	582 / 41,4	—	—	132.686 / 6.073,4	1.517 / 405,2	—	—	134.203 / 6.478,6
	1910	457 / 20,4	4.662 / 228,6	—	57.086 / 2.126,0	78.432 / 4.414,9	—	11 / 0,3	—	330 / 18,8	42 / 3,3	1 / 0,0	—	141.021 / 6.812,1	1.493 / 519,2	540 / 2,1	2 / 0,0	143.056 / 7.333,4
	1911	996 / 33,6	3.861 / 154,2	5 / 0,3	69.439 / 2.554,0	64.643 / 2.871,0	17 / 0,8	4 / 0,1	—	256 / 10,7	160 / 8,7	1 / 0,0	7 / 0,3	139.389 / 5.633,5	1.288 / 419,6	823 / 15,4	—	141.500 / 6.068,5
	1912	1.143 / 34,2	5.482 / 198,3	697 / 28,6	72.885 / 2.988,3	71.363 / 4.308,2	32 / 1,7	4 / 0,1	—	266 / 33,5	227 / 17,9	3 / 0,1	27 / 1,2	152.129 / 7.697,2	3.194 / 950,4	—	—	155.323 / 8.647,6
	1913	1.051 / 27,2	5.866 / 170,1	—	8.244 / 2.240,6	74.074 / 2.525,5	—	—	—	—	163 / 13,0	—	12 / 0,4	163.610 / 4.976,8	1.385 / 405,3	1.049 / 27,2	—	166.844 / 5.409,3
	Chiffre moyen pour 1909-1913	833 / 25,9	4.995 / 198,2	152 / 6,6	69.098 / 2.449,1	70.254 / 3.529,0	11 / 0,5	6 / 0,1	—	170 / 10,5	234 / 16,0	1 / 0,0	9 / 0,3	145.767 / 6.236	1.775 / 541,9	602 / 8,9	—	148.145 / 6.787,4
TOTAL des chiffres moyens		994 / 31,0	75.352 / 5.344,8	271 / 12,3	183.029 / 6.685,3	156.109 / 7.810	134 / 6,3	3.732 / 171,7	81 / 2,7	332 / 22,5	234 / 16,0	67 / 6,1	227 / 12,6	420.951 / 20.122,9	5.238 / 1.719,5	4.202 / 76,6	74 / 1,4	430.467 / 21.920,5

Tableau B.

Agriculture en Arménie.
Élevage.

ANNEXE III

Gros et menu bétail dans la province de Kars et le gouvernement d'Erivan

Districts	Gros bétail à cornes	Buffles	Mulets	Anes	Chameaux	Totalité du gros bétail	Moutons	Chèvres	Porcs	Totalité du menu bétail	Totalité du cheptel	Totalité du cheptel exprimée en gros bétail	Par 100 habitants				Par 100 déciatines			
													Gros bétail	Menu bétail	Totalité du cheptel	Totalité du cheptel exprimée en gros bétail	Gros bétail	Menu bétail	Totalité du cheptel	Totalité du cheptel exprimée en gros bétail
Province de Kars																				
District d'Ardahan	143.931	17.137	—	992	—	162.060	171.356	29.721	116	201.193	363.253	182.179	232,2	288,4	520,6	261,0	30,9	38,4	69,3	34,7
— de Kaghisman	63.151	4.203	182	4.196	—	71.732	154.341	31.412	—	185.753	257.485	90.307	109,4	283,2	392,4	137,7	17,5	45,3	62,8	22,0
— de Kars	172.910	13.314	4	1.085	—	187.313	205.266	29.972	408	235.646	422.958	210.877	127,9	160,9	288,8	143,1	34,5	43,3	71,8	38,8
— d'Olti	56.172	3 401	22	3.058	—	62.653	62.399	51.116	192	113.707	176.360	74.024	186,7	388,8	525,5	220,6	22,4	40,7	63,1	26,5
Gouvernement d'Erivan																				
District d'Alexandropol	94.143	5.317	—	4.011	—	103.471	124.175	14.818	1.822	140.425	243.896	116.957	59,1	80,0	96,0	66,0	29,6	40	69,6	33,6
— de Novo-Baïazet	96 532	4.118	—	1.626	—	102.276	167.420	19.259	3.856	189.535	291.811	123.228	58,0	106,0	166,0	70,2	24,2	44,2	70	28,6
— de Sourmalou	80.960	2.560	84	2.200	400	86.204	194.200	2.200	—	196.400	282 604	105 844	92,2	210,0	302,3	113,2	25,7	58,6	84,3	31,6
— d'Erivan	37.400	3.000	100	3.300	1.800	45.600	60.000	6.000	150	66.150	111.750	52.215	33,5	48,6	82,1	38,4	15,7	22,8	38,5	18,0
— d'Etchmiadzine	46.200	990	—	620	2.040	49.850	80.040	14.000	100	94.140	143.990	59.264	36,6	69,3	105,9	43,5	14,5	27,3	41,8	17,2
— de Nakhitchévan	21.400	2.880	500	5.300	810	30.090	99.935	25.960	50	125.945	156.035	42.685	26,8	112,3	139,1	38,0	7,0	29,5	36,5	10,0
— de Charouro-Daralaguiaze	74.550	10.450	410	2.320	650	88.380	174.300	6.000	—	180.300	268.680	106.410	111,5	227,4	338,9	134,3	31,4	64,1	95,5	37,8
Total	887.349	67.070	1.302	28.708	5.200	989.629	1.493.431	220.258	6.504	1.729.193	2.718.822	1.162.990								
												Chiffres moyens	73,5	128,4	201,9	88,4	24,0	42,1	66,3	28,2

ARMÉNIE
Carte générale
MER NOIRE
Poti
Batoum
Trébizonde
Rizé
Atina
Artvin
Mikhaylovo
Tiflis
Fl. Koura
Kazakh
Akstafa
Elisabetpol
Kars
Ardahan
Olti
Sarikamich
Erivan
Etchmiadzine
Alexandropol
Erzeroum
Keupri-keuy
Pelluk
Diadin
Makou
Malazguert
Boulanik
Mouch
Bitlis
Van
Lac de Van
Khochab
Nakhitchévan
Ordoubad
Djoulfa
Chouché
PERSE
AZERBAIDJAN
Ala Dagh
Légende
Frontières de 1914
Frontières de l'Arménie tracées par Mr Wilson d'après le traité de Sèvres du 10 Août 1920
Frontières des districts
Chaussées pavées
Les lignes frontières entre l'Arménie, la Géorgie et l'Azerbaidjan ne sont pas indiquées n'étant pas encore définitivement établies
0
100
200K

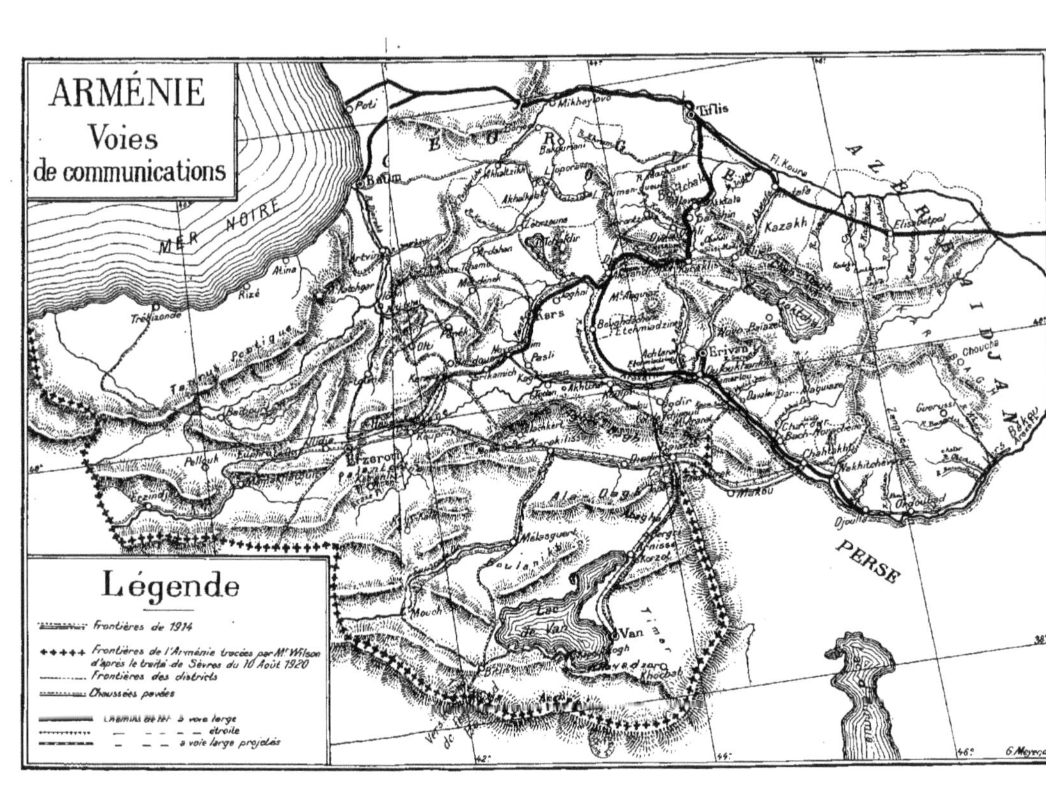
ARMÉNIE
Voies
de communications
MER NOIRE
Poti
Batum
Tiflis
Mikhaylovo
Akhaltzikh
Akhalkalak
Ardahan
Artvin
Atina
Rizé
Trébizonde
Kars
Alexandropol
Erivan
Etchmiadzine
Nakhitchévan
Djoulfa
Ordoubad
Kazakh
Elisabetpol
Fl. Koura
Chouché
Makou
Erzeroum
Mélasguert
Mouch
Lac de Van
Van
Bitlis
Khochab
PERSE
Légende
Frontières de 1914
Frontières de l'Arménie tracées par Mr Wilson d'après le traité de Sèvres du 10 Août 1920
Frontières des districts
Chaussées pavées
Chemins de fer à voie large
étroite
à voie large projetés
G. Meyrende

www.ingramcontent.com/pod-product-compliance
Ingram Content Group UK Ltd.
Pitfield, Milton Keynes, MK11 3LW, UK
UKHW021101260726
13994UKWH00002B/639

9 782329 211589